AF630076

Das magische Baumhaus

Band 48

Das Geheimnis des Zauberkünstlers

Alle **Baumhaus-Bände** auf einen Blick:

Bd. 1: Im Tal der Dinosaurier
Bd. 2: Der geheimnisvolle Ritter
Bd. 3: Das Geheimnis der Mumie
Bd. 4: Der Schatz der Piraten
Bd. 5: Im Land der Samurai
Bd. 6: Gefahr am Amazonas
Bd. 7: Im Reich der Mammuts
Bd. 8: Abenteuer auf dem Mond
Bd. 9: Der Ruf der Delfine
Bd. 10: Das Rätsel der Geisterstadt
Bd. 11: Im Tal der Löwen
Bd. 12: Auf den Spuren der Eisbären
Bd. 13: Im Schatten des Vulkans
Bd. 14: Im Land der Drachen
Bd. 15: Insel der Wikinger
Bd. 16: Auf der Fährte der Indianer
Bd. 17: Im Reich des Tigers
Bd. 18: Rettung in der Wildnis
Bd. 19: Abenteuer in Olympia
Bd. 20: Im Auge des Wirbelsturms
Bd. 21: Gefahr in der Feuerstadt
Bd. 22: Verschollen auf hoher See
Bd. 23: Das Geheimnis des alten Theaters
Bd. 24: Den Gorillas auf der Spur
Bd. 25: Im Land der ersten Siedler
Bd. 26: Abenteuer in der Südsee
Bd. 27: Im Auftrag des Roten Ritters
Bd. 28: Das verzauberte Spukschloss
Bd. 29: Das mächtige Zauberschwert
Bd. 30: Im Bann des Eiszauberers
Bd. 31: Sturmflut vor Venedig
Bd. 32: Der gestohlene Wüstenschatz
Bd. 33: Geheimauftrag in Paris
Bd. 34: Das verwunschene Einhorn
Bd. 35: Angriff des Wolkendrachen
Bd. 36: Der geheime Flug des Leonardo
Bd. 37: Das Ungeheuer vom Meeresgrund
Bd. 38: Das verborgene Reich der Pinguine
Bd. 39: Die geheime Macht der Zauberflöte
Bd. 40: Piratenspuk am Mississippi
Bd. 41: Gefangen im Elfenwald
Bd. 42: Geister in der Nebelnacht
Bd. 43: Das Gift der Königskobra
Bd. 44: Lawinenhunde im Schneesturm
Bd. 45: Die Feder der Macht
Bd. 46: Pandas in großer Gefahr
Bd. 47: Im Bann des schwarzen Hengstes
Bd. 48: Das Geheimnis des Zauberkünstlers
Bd. 49: Abenteuer im Tal der Könige
Bd. 50: Das beste Fußballspiel aller Zeiten
Bd. 51: Der König der Mayas
Bd. 52: Wettlauf der Schlittenhunde
Bd. 53: Das Tor zur Dracheninsel
Bd. 54: Das große Spiel
Bd. 55: Helden im Hurrikan
Bd. 56: Der römische Spion
Bd. 57: Narwal in großer Gefahr

Das magische Baumhaus

Mary Pope Osborne

Das Geheimnis des Zauberkünstlers

Aus dem Amerikanischen
übersetzt von Sandra Lohjan
Illustriert von Jutta Knipping

Band 48

Loewe

Für die Familie Korner,
Jim, Toni, Courtney und Tom

FSC
www.fsc.org
MIX
Papier aus verantwortungsvollen Quellen
FSC® C014496

ISBN 978-3-7855-7892-6
2. Auflage 2021
Titel der Originalausgabe: *Hurry up, Houdini!*
Copyright Text: © 2013 Mary Pope Osborne
Copyright Illustrationen: © 2014 Loewe Verlag GmbH, Bindlach
Alle Rechte vorbehalten.
Erschienen in der Original-Serie Magic Tree House™
Magic Tree House™ ist eine Trademark von Mary Pope Osborne,
die der Originalverlag in Lizenz verwendet.
Veröffentlicht mit Genehmigung des Originalverlags,
Random House Children's Books, a division of Random House LLC.
Für die deutschsprachige Ausgabe © 2014 Loewe Verlag GmbH, Bindlach
Aus dem Amerikanischen übersetzt von Sandra Lohjan
Umschlag- und Innenillustration: Jutta Knipping
Printed in the EU

www.loewe-verlag.de

Inhalt

Wie alles anfing

Eines sonnigen Tages tauchte ein geheimnisvolles Baumhaus im Wald von Pepper Hill in Pennsylvania auf. Die Geschwister Philipp und Anne fanden schnell heraus, dass in diesem Baumhaus Zauberkräfte schlummerten, denn sie konnten mithilfe der Bücher nicht nur zu allen Orten der Welt reisen, sondern auch kreuz und quer durch die Zeit. Das Baumhaus gehörte der Zauberin Morgan. Sie war Bibliothekarin am Hofe von Camelot, im sagenhaften Königreich des berühmten Königs Artus. In Morgans Auftrag bestanden Philipp und Anne viele aufregende Abenteuer. Später dann schickte sie der mächtige Zauberer Merlin mit dem Baumhaus auf neue Reisen. Jetzt braucht Merlin wieder die Hilfe von Philipp und Anne. Sie sollen vier berühmte Personen treffen, um von ihnen das Geheimnis wahrer Größe zu erfahren.

Philipp und Anne sind gerade von ihrer ersten Reise zurückgekommen.

In Mazedonien haben sie Alexander den Großen getroffen und sein Pferd Bukephalos.

Nun warten sie in Pepper Hill gespannt darauf, wohin Merlin sie als Nächstes schicken wird.

Nachricht von Merlin

Philipp lag auf dem Sofa und las in einem Sachbuch über Pferde.

„Philipp, kannst du bitte Anne holen gehen? Sie ist bei Jenny“, rief seine Mutter aus der Küche. „Wir wollen gleich anfangen zu grillen.“

„Klar“, sagte Philipp. Er klappte das Buch zu, sprang vom Sofa und ging zur Haustür. Gerade als er die Treppe hinunterlief, kam ihm Anne entgegen.

„Es ist wieder da“, keuchte sie.

„Du machst Witze“, meinte Philipp.

„Nein, wirklich“, sagte Anne. „Auf dem Weg nach Hause habe ich einen Abstecher in den Wald gemacht. Ich hatte irgendwie so ein merkwürdiges Gefühl – und da war es!“

„Sind Merlin und Penny auch da?“, fragte Philipp.

„Ich glaube nicht“, erwiderte Anne. „Ich habe gerufen, aber es hat niemand geantwortet. Ich wollte nicht ohne dich hochklettern, deshalb bin ich gekommen, um dich zu holen."

„Danke", sagte Philipp. „Warte kurz, ich sage Mama Bescheid." Er rannte ins Haus zurück. „Mama, Anne und ich müssen für zwanzig Minuten noch mal weg!", rief er.

„Okay, zwanzig Minuten, aber nicht länger", antwortete seine Mutter. „Dann essen wir."

„Danke!", rief Philipp. Er sah auf seine Armbanduhr. Es war zwanzig vor sechs. Sie mussten also um sechs Uhr wieder zurück sein. Er schnappte sich seinen Rucksack und rannte zurück zu Anne, die auf dem Bürgersteig wartete.

„Zwanzig Minuten, mehr Zeit haben wir nicht!", rief er ihr zu.

„Kein Problem", sagte Anne und zusammen eilten sie los.

„Bestimmt will Merlin, dass wir noch ein Geheimnis wahrer Größe herausfinden", überlegte Philipp laut.

„Das denke ich auch", stimmte Anne zu.

Sie überquerten die Straße und rannten in den Wald bis zur größten Eiche.

„Merlin? Penny?“, rief Anne.

Es kam keine Antwort. Im Wald war es seltsam still. Kein Blatt rührte sich.

„Lass uns hochklettern“, schlug Philipp vor. Er griff nach der Strickleiter und stieg nach oben. Anne folgte ihm. Als sie das Baumhaus betraten, war von Merlin oder Penny nichts zu sehen.

„Sie sind nicht da“, stellte Anne fest.

„Nein“, sagte Philipp. „Aber alles andere schon.“

Er deutete auf ein Stück Papier, das in der Ecke auf dem Boden lag. Auf das Papier hatte er das Geheimnis wahrer Größe geschrieben, das sie bei ihrer letzten Mission herausgefunden hatten:

BESCHEIDENHEIT

Auf dem Papier lagen zwei Dinge – ein schmaler Goldring und ein Fläschchen. Anne hob den Ring auf und zeigte ihn Philipp. „Der Ring der Wahrheit“, sagte sie. „Diesmal darfst du ihn tragen.“

„Danke“, erwiderte Philipp. Er nahm den Ring und steckte ihn an seinen Finger.

„Du darfst nur nicht vergessen, immer wieder nachzusehen, ob er leuchtet“, erinnerte Anne ihn.

„Keine Sorge, ich werde daran denken“, sagte Philipp. Merlin hatte ihnen erzählt, dass der Ring aufleuchten würde, sobald sie ein Geheimnis wahrer Größe entdeckten.

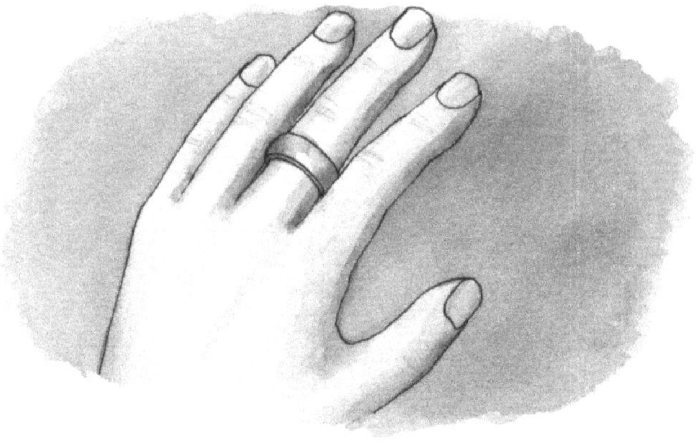

Anne hob die kleine Flasche auf. Philipp und sie betrachteten den rauchigen Inhalt.

„Merlins magischer Nebel“, flüsterte Anne.

„Der Nebel, den Merlin beim ersten Licht des Neumonds auf der Insel Avalon gesammelt hat“, fügte Philipp hinzu.

„Du hast ein gutes Gedächtnis", stellte Anne fest.

„Du aber auch", entgegnete Philipp. „Wenn wir Merlins magischen Nebel einatmen, können wir uns eine besondere Fähigkeit wünschen, die wir dann eine Stunde lang besitzen."

„Das ist so toll", meinte Anne.

„Ja", stimmte Philipp zu. Bei ihrer letzten Mission waren sie Pferdeexperten gewesen. „Ich frage mich, welches Talent wir diesmal brauchen werden. Und wo wir hinreisen."

Anne deutete auf ein schmales Büchlein, das im Schatten lag. Sie hob es auf und reichte es Philipp.

„Nach Coney Island, denke ich", sagte sie.

Philipp las den Titel.

„Coney Island – ist das nicht in New York?", fragte Anne.

„Ja, guck mal, da liegt ein Zettel drin", sagte Philipp. Er zog den Zettel heraus und las laut vor:

Liebe Anne, lieber Philipp,

ich bin euch sehr dankbar, dass ihr eure erste Mission auf der Suche nach dem Geheimnis wahrer Größe so erfolgreich beendet habt. Nun möchte ich, dass ihr ein zweites Geheimnis wahrer Größe erfahrt – und zwar vom Großen Houdini.

Merlin

„Oh, Mann, der Große Houdini!", sagte Philipp begeistert.

„Was hat er gemacht?", fragte Anne.

„Papa hat mir von ihm erzählt", berichtete Philipp. „Er konnte sich aus allem befreien! Ketten, Seilen, Vorhängeschlössern, Handschellen und sogar Gefängnissen. Er war unglaublich!"

„War er ein Verbrecher?", fragte Anne.

Philipp lachte. „Nein, er war ein Künstler – der größte Entfesselungskünstler aller Zeiten", sagte er. „Er ist in der ganzen Welt aufgetreten. Ich kann nicht glauben, dass wir ihn treffen werden."

„Und wo finden wir ihn?", fragte Anne.

„Auf Coney Island", antwortete Philipp und hielt das Büchlein hoch.

„Ach ja", sagte Anne. „Dann lass uns gehen!"

„Okay", stimmte Philipp zu. Er steckte Merlins Nachricht und das Fläschchen in seinen Rucksack. Dann deutete er auf die Worte *Coney Island*.

„Ich wünschte, wir wären dort", sagte er.

Wind kam auf.

Das Baumhaus fing an, sich zu drehen.

Es drehte sich schneller und immer schneller.

Dann war alles wieder still.

Totenstill.

Ich lade dich ein!

Philipp hörte Leute lachen und rufen. Eine Blaskapelle spielte ein fröhliches Lied. Anne und er sahen aus dem Fenster. Das Baumhaus war in einem kleinen Wäldchen gelandet. Hoch über den Bäumen ragten Kuppeln und Turmspitzen auf.

„Sind das Schlösser?“, fragte Anne verwundert. „Sind wir im Mittelalter gelandet?“

„Ganz sicher nicht“, meinte Philipp. „Guck dir unsere Kleider an.“ Im Dämmerlicht des Baumhauses konnte Philipp erkennen, dass er knielange Hosen trug, ein langärmliges Hemd, Kniestrümpfe und Schnürstiefel. Sein Rucksack hatte sich in eine Ledertasche verwandelt.

„Du hast recht“, stimmte Anne ihm zu. Sie trug ein Matrosenkleid und Stiefeletten. „Die Kleider sind so ähnlich wie die, die wir damals in San Francisco getragen haben.“

„Ja, das war ungefähr im Jahr 1900“, erinnerte sich Philipp. Er griff in seine

Hosentasche und zog eine Uhr an einer Kette heraus. „Sieh mal, statt einer Armbanduhr habe ich jetzt eine Taschenuhr. Und –“ Aus der anderen Tasche zog Philipp ein paar Münzen. „– ein paar Centstücke.“

„Nur Centstücke? Das ist alles?“, fragte Anne.

„Keine Sorge. Damals waren Centstücke viel mehr wert als heute.“

„Dann sind wir also reich“, lachte Anne.

„Hier, steck du auch welche ein“, meinte Philipp. Er gab Anne die Hälfte des Gelds.

„Danke“, erwiderte Anne und steckte die Münzen in ihre Rocktasche. „Lass uns herausfinden, was hier los ist.“ Sie kletterte die Leiter hinunter. Philipp hängte sich die Ledertasche um und folgte ihr.

Anne und Philipp fanden sich in einem ummauerten Garten wieder, der von kleinen Laternen erleuchtet wurde. Sie liefen einen Kiesweg entlang und über eine Brücke, die über einen kleinen Bach führte. Dann kamen sie zu einem Holztor, an dem ein Schild hing. Darauf stand: Danke für Ihren Besuch im Japanischen Teegarten.

„Wir sind in einem japanischen Teegarten gelandet“, wunderte sich Philipp. „Wie kann das sein?“

„Gehen wir weiter“, meinte Anne und öffnete das Tor. Sie traten aus dem

schattigen Garten auf einen hell erleuchteten Platz.

„Wahnsinn!“, riefen sie beide gleichzeitig.

Tausende elektrische Lichter erhellten den Abendhimmel über den Türmen und Kuppeln. Auf einer Bühne an einem See spielte die Blaskapelle. Männer in weißen Anzügen und Frauen in langen weißen Kleidern spazierten eine breite Straße entlang. Kinder, die wie Philipp und Anne gekleidet waren, rannten umher und zeigten rufend auf unterschiedliche Attraktionen.

Die Luft roch nach Meerwasser, gerösteten Nüssen und Popcorn. Verkäufer schrien wild durcheinander.

„Kommen Sie näher! Hier gibt es das weltbeste Eis! Erdbeere! Vanille!"

„Hier gibt es die weltbeste Limonade!"

„Hier gibt es die weltbesten Hot Dogs!"

„Was ist das hier für ein Ort?", fragte Anne.

Philipp öffnete das Büchlein und las:

Im Süden von Brooklyn, einem Stadtteil von New York, befindet sich Coney Island. Coney Island ist eine Halbinsel, die fast ganz von Wasser umgeben ist. Sie ist weltberühmt für ihre Vergnügungsparks.

„Na klar, ich verstehe", sagte Philipp. „Wir sind in einem Vergnügungspark gelandet."

„Super, lass uns Hot Dogs essen", schlug Anne vor.

„Nein, lieber nicht", meinte Philipp. „Wir sollten zuerst nach Houdini suchen. Mal sehen, ob in dem Buch etwas über ihn steht.“ Er klappte das Büchlein wieder auf und blätterte es durch. „Houdini … Houdini …“ Er fuhr mit dem Finger eine Seite hinunter. „Hier ist eine Anzeige für seine Vorstellung!“

Philipp las laut vor:

„Oh, toll“, freute sich Anne. „Das Büchlein muss von 1908 sein. Bestimmt will Merlin, dass wir uns Houdinis Show anschauen. Entschuldigung!“, rief sie einem Paar zu, das an ihnen vorbeispazierte. „Ist heute der 22. Juni 1908?“

Die Frau lachte. „Ganz genau“, sagte sie.

„Danke“, antwortete Anne höflich.

Philipp zog seine Taschenuhr hervor. „Es ist zwanzig vor sieben."

„Oh, dann haben wir noch massig Zeit", meinte Anne. „Komm, lass uns Hot Dogs kaufen."

„Nein", erwiderte Philipp. „Wir sollten uns zuerst die Eintrittskarten kaufen. Sie könnten –"

„Wir haben noch über zwei Stunden Zeit", unterbrach ihn Anne. „Einen Hot Dog zu essen, dauert doch nicht lange. Ich lade dich ein!" Sie packte Philipp am Arm und zog ihn zum Würstchenstand.

„Okay, okay", sagte Philipp seufzend. Der Geruch, der von dem Stand herüberwehte, war wirklich lecker.

„Wie viel macht das?", fragte Anne das Mädchen, das die Würstchen grillte.

„Drei Cent pro Stück", antwortete das Mädchen.

„Dann zwei, bitte", sagte Anne und gab dem Mädchen das Geld.

Das Mädchen schob die Würstchen in zwei Brötchen, schmierte Senf darauf und reichte Anne und Philipp jeweils eins.

Philipp nahm einen großen Bissen. „Mmmh, lecker“, sagte er mit vollem Mund. „Der beste Hot Dog der Welt!“

Anne nickte. „Der allerbeste“, sagte sie ebenfalls mit vollem Mund.

„Gut, dann lass uns jetzt die Karten für Houdinis Aufführung kaufen gehen“, sagte Philipp, als sie fertig waren.

„Warte, wir haben doch noch Zeit für ein Eis“, sagte Anne. „Es gibt Erdbeere, deine Lieblingssorte!“

„Hm ... Eis?“, überlegte Philipp.

„Das dauert doch nur zwei Minuten“, sagte Anne. „Das beste Eis der Welt, denk dran!“

„Okay, ich lade dich ein“, gab Philipp nach.

„Danke!“, freute sich Anne.

Sie liefen zum Eiswagen. „Zweimal Erdbeere in der Waffel, bitte“, sagte Philipp.

„Vier Cent“, sagte der Eisverkäufer.

Philipp gab ihm die Centstücke. Der Mann löffelte Erdbeereis in zwei Waffeln und gab sie Philipp. Die Geschwister schleckten ihr Eis, während sie an den Attraktionen vorbei die Straße entlangspazierten.

„Eine Reise zum Mond!“, rief ein junger Mann ihnen zu. „Hier gibt es die Karten!“

„Da waren wir schon“, sagte Philipp.

„Haben wir schon gemacht“, sagte Anne.

Ein Junge auf einem Einrad fuhr an ihnen vorbei. „Karten für eine Fahrt mit dem U-Boot!“, rief er Philipp zu. „Die Südsee-Expedition startet in wenigen Minuten!“

„Da waren wir schon“, sagte Anne.

„Haben wir schon gemacht“, sagte Philipp.

„Wilder Wirbelsturm!“, rief ein Mädchen aus einem Zelteingang. „Kommt herein und werdet weggepustet!“

„Das haben wir auch schon erlebt“, sagte Philipp und Anne lachte.

Als Philipp sein Eis aufgegessen hatte, klappte er das Büchlein wieder auf. „So, jetzt aber los“, sagte er. „Wo ist die Strandallee?“

„He, guck mal, da ist etwas, das wir noch nie gemacht haben“, sagte Anne.

Sie deutete auf ein Boot voll kreischender Leute, das eine steile Wasserrutsche hinuntersauste. Das Boot landete in einem See und fuhr unter einer Brücke durch. Die Leute schrien vor Freude. Dann glitt das Boot an einen Landungssteg am Ufer.

„Das wird die Fahrt eures Lebens!“, rief ein Mann aus einem Tickethäuschen. „Springt an Bord!“

„Das sieht so aus, als würde es mächtig Spaß machen. Lass uns mitfahren. Ich lade dich ein“, sagte Anne. Bevor Philipp etwas erwidern konnte, rannte sie zu dem Kartenverkäufer.

Philipp rannte ihr schnell hinterher. „Nein, Anne“, sagte er. „Ich will die Karten für die Houdini-Show jetzt gleich kaufen.“

Aber Anne hatte bereits ihr Geld gezückt und bezahlte für zwei Tickets.

„Ich habe gesagt, dass ich –“, sagte Philipp.

„Oh, bitte!“, flehte Anne und reichte ihm seine Karte. „Wir haben noch so viel Zeit. Eine kurze Fahrt schadet doch nicht.“

Philipp seufzte. „Aber ich –“, begann er.

„Komm schon“, bettelte Anne. „Wir holen die Houdini-Karten gleich danach, versprochen. Das hier dauert nur fünf Minuten!“

„Okay, du hast gewonnen“, sagte Philipp. „Fahren wir.“

Philipp folgte Anne zu einem Boot. Die letzten Passagiere stiegen gerade aus. Sie lachten vergnügt. Andere Leute warteten bereits darauf, einsteigen zu dürfen – vier kichernde Mädchen und ein Mann und eine Frau, die beide große Hüte trugen. Auf dem Hut der Frau türmten sich unechte Rosen und Bananen.

„Kinder nach vorn“, sagte der Bootsführer.

Philipp und Anne kletterten ins Boot. Die Mädchen und das Paar setzten sich hinter sie. Der Bootsführer saß ganz hinten. Stahlseile zogen das Boot eine Rampe hinauf bis zur Spitze der Rutsche.

„Wahnsinn!“, staunte Philipp, als sie höherstiegen. Der Vergnügungspark lag schimmernd unter ihnen. Hunderte Fahnen wehten von den Türmen.

„Wie ist es möglich, dass das Boot nicht aus den Schienen springt?“, wunderte sich Philipp. „Es gibt keine Anschnallgurte“, murmelte er Anne zu. „Oder Sicherheitsgitter oder so etwas. Warum fallen die Leute trotzdem nicht aus dem Boot?“

„Ich weiß es nicht“, erwiderte Anne seufzend. „Aber könntest du bitte versuchen, ein wenig Spaß zu haben? Es ist eine ganz normale Vergnügungsfahrt.“

„Ja, aber wir haben gar keine Zeit für eine normale Vergnügungsfahrt“, sagte Philipp. „Wir hätten längst unsere Karten für die Houdini-Show besorgen sollen.“

„Sei nicht so grummelig“, sagte Anne.

„Ich bin nicht grummelig“, entgegnete Philipp. „Aber warum machen wir immer das, was du willst?“

Bevor Anne antworten konnte, erreichte das Boot die Spitze der Rampe. Dann kippte es nach vorn und sauste die Rutsche hinunter.

„Ahhhh!“, schrie Philipp.

Ausverkauft!

Das Boot platschte in den See und fuhr unter der Brücke hindurch. Dann sprang es hoch in die Luft und verspritzte in alle Richtungen Wasser. Philipp schloss die Augen und duckte sich. Die Mädchen kreischten. Einen Moment lang fühlte es sich an, als würde das Boot fliegen. Dann landete es wieder auf der Wasseroberfläche und wurde langsamer.

Philipp öffnete die Augen und sah sich um.

Anne lachte mit den anderen Passagieren, während das Boot friedlich über den See glitt. Allen schien es Spaß zu machen. Aber Philipps Herz klopfte heftig und sein Magen fühlte sich flau an.

Der Bootsführer steuerte das Boot zurück an den Steg und half allen beim Aussteigen. Die Leute strömten in unterschiedliche Richtungen davon.

„Gut, jetzt gehen wir zum Theater“, sagte Anne vergnügt.

„Warte, ich muss mich kurz hinsetzen“, sagte Philipp.

„Ich dachte, du willst so schnell wie möglich die Karten kaufen?“, wunderte sich Anne.

„Nur eine Minute“, sagte Philipp. Er deutete zu einer Terrasse am Seeufer. „Wie wäre es dort?“

„Okay“, sagte Anne. „Alles in Ordnung mit dir?“

„Ja“, sagte Philipp. „Komm.“

Philipp und Anne stiegen die paar Stufen zu der Terrasse hoch und setzten sich auf eine Bank. Um sie herum verkauften verkleidete Leute Tickets für verschiedene Fahrgeschäfte.

„Hier entlang, meine Damen und Herren! Betreten Sie den Drachenschlund! Die größte Achterbahn des Landes!“, rief ein Mann mit einem Drachenkopf.

„Hierher! Zum Bussardhorst!“, rief ein Junge in einem Vogelkostüm. „Der höchste Vogelbau der Welt!“

„Kommt zum Sprudelnden Bach!“, rief ein Mädchen, das wie eine Meerjungfrau gekleidet war. „Die beste Wasserfahrt Amerikas!“

„Klingt so, als ob alles auf Coney Island das Beste wäre“, meinte Philipp.

„Und?“, fragte Anne.

„Das bedeutet, dass nichts davon am besten ist“, erklärte Philipp. „Weil alles gleich gut ist!“

„Haha!“ Eine Frau neben ihnen auf der Bank lachte.

Philipp erkannte das Paar, das mit ihnen im Boot gefahren war. Ihre großen Hüte verdeckten ihre Gesichter beinahe vollständig.

„Hast du das gehört, Harry?“, fragte die Frau den Mann. „Der Junge ist ein Genie.“

„Aber isses nicht die Wahrheit, Bess?“, erwiderte Harry.

„Sag nicht ‚isses‘, Schatz. Sag ‚ist es‘“, sagte Bess freundlich.

Harry lächelte Philipp und Anne an. „Ist es nicht die Wahrheit?“, wiederholte er. „Seht ihr, meine Bess passt immer auf mich auf.“

Anne und Philipp lächelten freundlich.

„Seid ihr zum ersten Mal auf Coney Island?“, fragte Harry.

„Ja“, antwortete Anne. „Sie auch?“

„Oh, nein“, sagte Bess. „Nein, nein, nein. Wir haben uns vor fünfzehn Jahren hier kennengelernt. Drei Wochen später haben wir geheiratet!“

„Glückwunsch!“, gratulierte Anne.

„Das ist schon lange her“, meinte Bess. „Aber ich bin immer noch verrückt nach ihm. Und er schreibt mir jeden Tag einen kleinen Liebesbrief, an guten wie an schlechten Tagen.“

„Das ist echt süß“, sagte Anne.

„Gefällt es euch hier?“, fragte Harry.

„Mir schon“, antwortete Anne.

„Gut“, sagte Bess. Dann wandte sie sich an ihren Mann. „Wie die Zeit verfliegt“, sagte sie. „Wir gehen besser weiter.“

„Gehen wir jetzt ein Eis essen?“, fragte Harry.

„Nein, mein Lieber. Du kennst doch die Reihenfolge – das Eis kommt immer erst nach der Vorstellung!“, ermahnte sie ihn. „Wenn wir zum Mond fliegen wollen, sollten wir jetzt gehen.“

Harry sah zu Anne und Philipp. „Sie will mich immer auf den Mond schicken“, lachte er.

Auch Anne und Philipp lachten.

„Wollt ihr uns begleiten?“, fragte Harry.

„Tut uns leid, aber wir können nicht“, erwiderte Philipp. „Wir haben etwas anderes vor. Wissen Sie vielleicht, wo Hendersons Musikhalle ist?“

„Natürlich. Warum wollt ihr das wissen?“, fragte Bess.

„Wir wollen uns den Großen Houdini ansehen“, sagte Philipp.

„Ah! Was für ein Zufall“, sagte Bess. „Wir wollen nach dem Ausflug zum Mond auch zu der Vorstellung. Ich verehre diesen Mann – den Großen Houdini! Um nichts in der Welt würde ich seine Show verpassen wollen."

Harry räusperte sich. „Liebling, sie wollen den Weg wissen", sagte er.

„Oh, stimmt ja", sagte Bess. „Folgt der Hauptstraße bis zum großen Torbogen und verlasst dann den Park." Sie deutete auf einen riesigen goldenen Torbogen in der Ferne. „Dann geht nach rechts die Strandallee hinunter. Wenn ihr zu einem großen roten Gebäude kommt, seid ihr da."

„Super", freute sich Philipp. „Danke!"

„Bis dann, Kinder. Vielleicht sehen wir uns ja später bei der Show", sagte Harry.

„Und wenn ihr nachher die Vorstellung besucht, dann denkt dran“, meinte Bess. „Auch wenn nicht alles das Größte und Beste sein kann, manchmal ist das, was die Leute das Größte nennen, wirklich das Beste!“

Harry lachte. Er tippte zum Abschied an seinen Hut, dann spazierten er und Bess davon.

„Ich mag die beiden“, sagte Anne.

„Ich auch“, stimmte Philipp ihr zu und stand auf. Die Unterhaltung mit dem freundlichen Paar hatte ihm gutgetan. „Okay! Lass uns jetzt die Karten kaufen!“

Philipp und Anne gingen die Treppe hinunter und liefen auf der Hauptstraße bis zu dem Torbogen. Dort standen rote Verkaufsbuden, in denen Ticketverkäufer saßen. „Geht zurück in den Lunapark!“, rief einer.

„Wir kommen wieder, keine Sorge“, erwiderte Anne.

Philipp und Anne verließen den Lunapark und traten auf die Strandallee. „Bess hat gesagt, wir sollen nach rechts gehen“, erinnerte sich Philipp.

Philipp und Anne gingen den lebhaften Bürgersteig entlang. Sie kamen an Pferdekutschen und altmodischen Autos vorbei. Der warme Sommerabend war vom Klappern der Hufe und dem Hupen der Autos erfüllt.

„Da ist es!“, rief Philipp. Er deutete auf ein großes rotes Gebäude. Auf einem Schild über dem Vordach stand in Großbuchstaben HENDERSON geschrieben.

Eine lange Warteschlange hatte sich bereits vor dem Theater gebildet. „Sieh dir diese Schlange an!“, stöhnte Philipp. „Deshalb wollte ich frühzeitig hier sein!“

Philipp und Anne rannten zum Ende der Schlange, wo ein paar Jugendliche standen und Späße machten.

„Ist das die Schlange, um Karten zu kaufen?“, fragte Anne.

„Ne, das ist die Schlange für Leute, die ihre Karten bereits haben“, antwortete ein Junge. „So wie wir!“

„Komm“, sagte Philipp. Er zog Anne am Arm. „Wir müssen schnell die Kasse suchen.“

An der Wand des Theaters hing eine Tafel, auf der stand:

Philipp trat zu einem Fensterchen neben der Tafel. Er wunderte sich, dass es dort keine Warteschlange gab. „Entschuldigung!“, rief er und versuchte, die Aufmerksamkeit der Kartenverkäuferin zu erregen, die sich mit einem Mann unterhielt.

„Sie hören mir nicht zu, Mrs. Crenshaw!“, schrie der Mann. „Das ist das Ende! Sie werden mir das Theater zerstören!“

„Entschuldigung!“, rief Philipp erneut etwas lauter. „Wir möchten zwei –“

„Es wird einen Aufstand geben! Sie werden die Sitze kaputt machen!“, rief der Mann. „Erbarmen! Erbarmen! Mein Herz!“ Er griff sich an die Brust und es sah aus, als würde er jeden Moment zusammenbrechen.

„Sollen wir Hilfe holen?“, fragte Anne.

Mrs. Crenshaw sah zu Anne hinüber und schüttelte den Kopf. „Nein. Mr. Dewey wird sich gleich wieder erholt haben“, sagte sie und rollte mit den Augen.

„Ja! Holt Hilfe, holt bitte Hilfe“, krächzte Mr. Dewey und wischte sich mit einem Taschentuch über die Stirn. „Findet jemanden für die Eröffnung der Show!“

„Wie bitte?“, fragte Anne.

„Die Bambini-Brüder sind abgehauen“, sagte Mr. Dewey aufgeregt. „Ich habe sie auf frischer Tat ertappt! Sie haben sich aus der Ticketkasse bedient!“

„Das ist ja furchtbar“, sagte Anne.

„Du hast ja keine Ahnung!“, stöhnte Mr. Dewey. „Sie sollten vor dem Großen Houdini auftreten.“ Er wischte sich über sein verschwitztes Gesicht. „Die Menge wird durchdrehen, wenn wir nicht pünktlich mit der Vorstellung beginnen. Ich hätte lieber ins Schuhgeschäft einsteigen sollen statt ins Showgeschäft!“

Philipp tat der Mann leid, aber die Bambini-Brüder waren ihm eigentlich egal.

Er wollte nur Karten für den Großen Houdini. „Äh … Entschuldigung“, sagte er zu Mrs. Crenshaw. „Wir würden gern zwei Karten für die Houdini-Show kaufen.“

„Tut mir leid, Kinder. Habt ihr das nicht gelesen?“ Mrs. Crenshaw deutete auf ein Schild im Fenster. Auf dem Schild stand: Ausverkauft.

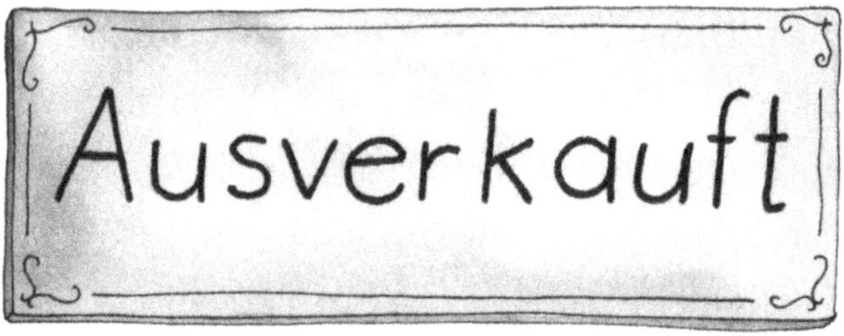

„Oh, nein, das haben wir nicht gesehen“, sagte Anne.

„Ausverkauft?“, fragte Philipp.

„Ja!“, rief Mr. Dewey. „Seit einer Stunde! Ausverkauft! Das Haus ist voll bis unters Dach und wir haben keinen Eröffnungsakt! Geht jetzt, bitte! Wir haben Probleme! Große Probleme!“ Und mit einem Knall schloss er das Fenster.

Okay! Auf Wiedersehen!

„Ausverkauft“, sagte Philipp zu Anne. „Schon vor einer Stunde.“

„Ich weiß. Du hattest recht. Ich hatte unrecht“, erwiderte Anne schnell. „Wir hätten früher herkommen sollen.“

Philipp starrte sie an.

„Es tut mir leid“, sagte Anne und machte ein zerknirschtes Gesicht. „Wirklich.“ Sie sah sich um. „Glaubst du, jemand in der Schlange verkauft uns seine Karten?“

„Nicht in einer Million Jahren“, antwortete Philipp. „Ich glaube es einfach nicht. Wie sollen wir jetzt Houdini treffen und sein Geheimnis wahrer Größe herausfinden?“

„Keine Sorge. Uns wird schon etwas einfallen“, meinte Anne. „So wie immer. Mal nachdenken ...“ Sie spielte mit ihren Locken und biss sich auf die Lippe, dabei starrte sie auf das geschlossene Fenster.

Philipp war immer noch völlig aufgelöst. „Ich kann es einfach nicht glauben“, sagte er erneut. „Vielleicht ist das das Geheimnis wahrer Größe: Höre nicht auf deine Schwester! Kauf die Tickets rechtzeitig!" Verärgert hielt er die Hand hoch und wackelte mit dem Finger. „Nur leider leuchtet der Ring der Wahrheit nicht. Zu schade."

„Moment mal", sagte Anne. „Erinnert dich das nicht an damals, als wir zu Shakespeares Theater in London gereist sind und die zwei Schauspieler nicht aufgetaucht sind?"

„Ich will jetzt nicht über unsere vergangenen Missionen sprechen", erwiderte Philipp mürrisch. Er zog das Büchlein aus der Tasche und blätterte es durch. Er hoffte, vielleicht noch mehr über Houdini zu erfahren.

„Aber weißt du denn nicht mehr, dass Shakespeare uns beide anstelle der Schauspieler auf die Bühne geschickt hat?", fragte Anne.

Philipp beachtete sie nicht. „Ich finde nichts über Houdini ... nur die Anzeige für diese Vorstellung", sagte er.

„Das war so toll damals! Wir hatten

eine Menge Spaß. Willst du es nicht versuchen?“, fragte Anne. „Willst du?“

Philipp klappte das Büchlein zu. „Was versuchen?“, fragte er.

„Willst du Merlins magischen Nebel benutzen und dir wünschen, dass du ein fantastischer Zauberkünstler bist?“, fragte Anne.

„Zauberkünstler?“, wiederholte Philipp.

„Ja! Du und ich! Wir treten anstelle der Bambini-Brüder auf!“, rief Anne begeistert.

„Was? Bist du verrückt?“, erwiderte Philipp.

„Denk doch mal drüber nach. Das ist ein toller Plan. Wir könnten Houdini hinter der Bühne treffen. Wir wären dann Zauberkollegen“, erklärte Anne. „Außerdem würden wir Mr. Dewey helfen. Und wir hätten auch unglaublich viel Spaß!“

„Das ist ein verrückter Plan“, meinte Philipp. „Niemand würde uns auf die Bühne lassen, um eine Zaubershow zu machen.“

„Das stimmt nicht. Ich wette, dass ich dafür sorgen kann“, sagte Anne. „Pass auf.“

„Warte!“, rief Philipp.

Aber Anne klopfte schon an das geschlossene Fenster des Kassenhäuschens. Als Mrs. Crenshaw öffnete, lehnte sich Anne vor und flüsterte ihr etwas zu. „Anne, was sagst du da?“, wollte Philipp wissen.

Die Theatertür schwang auf. „Schnell rein“, sagte Mrs. Crenshaw zu Anne.

„Warte! Was machst du denn?“ Philipp wollte Anne in das Gebäude folgen, aber die Tür schloss sich hinter ihr.

Philipp ging zum Verkaufsfenster zurück und starrte hindurch. Anne unterhielt sich lebhaft mit Mrs. Crenshaw und Mr. Dewey. Philipp verstand kein einziges Wort.

Er klopfte ans Fenster und schüttelte den Kopf, aber Anne beachtete ihn nicht. Während sie sprach, veränderte sich Mr. Deweys Gesichtsausdruck: Erst runzelte er die Stirn, dann zwinkerte er, dann lächelte er, dann lachte er und schließlich rief er: „Ja!"

„Nein!", dachte Philipp.

Anne sprang vor Freude in die Luft. Dann rannte sie hinaus zu Philipp. „Ich hab es geschafft! Wir werden auftreten!", jubelte sie. „Er hat Ja gesagt!"

„Aber ich habe nicht Ja gesagt", meinte Philipp.

„Keine Sorge, ich habe alles geklärt – für uns und Mr. Dewey."

„Was hast du zu ihm gesagt?", fragte Philipp.

Bevor Anne antworten konnte, erschien Mr. Dewey an der Tür. „Beeilt euch, Kinder!", rief er.

„Komm!" Anne griff nach Philipps Hand und zog ihn zur Tür.

Mr. Dewey schob Philipp und Anne ins Theater und verriegelte hinter ihnen die

Tür. „Georg!“, rief er dem Türsteher zu. „Schnell, bessere das Schild aus. Streich die Bambinis! Schreib *Der Fantastische Philipp und die Außergewöhnliche Anne* drauf!“

„Der Fantastische Philipp?“, dachte Philipp.

„Hier entlang!“ Mr. Dewey scheuchte Philipp und Anne durch die Eingangshalle in einen großen Vorführungssaal. Im Saal gab es viele Sitzreihen, aber auch Logenplätze und einen Balkon. Elektrische Lichter tauchten die Bühne in ein orangefarbenes Licht. Ein roter Vorhang rahmte sie auf beiden Seiten ein.

„Werden wir hier auftreten?“, fragte Anne.

„Auf keinen Fall!“, wisperte Philipp ihr zu.

„Ja! Genau auf dieser Bühne“, antwortete Mr. Dewey.

Im Orchestergraben übten die Musiker eifrig auf ihren Instrumenten. Ein Trommler richtete seine Pauken aus, ein Mann stimmte seine Geige und ein anderer ließ zwei große Becken laut schellen.

„Werden die heute Abend auch spielen?“, fragte Anne.

„Ja, bei der Houdini-Show“, erwiderte Mr. Dewey. „Aber wenn ihr wollt, können sie eure Vorstellung bestimmt auch begleiten.“

„Ja, das wäre toll“, freute sich Anne. Sie wandte sich an Philipp. „Hast du gehört? Wir bekommen auch Musik.“

„Anne, ich bin mit dem Ganzen nicht einverstanden“, flüsterte er wütend.

„Kommt mit in eure Umkleidekabine“, sagte Mr. Dewey.

Philipp bewegte sich nicht. Aber Anne folgte Mr. Dewey den Gang hinunter.

„Ich bin überhaupt nicht einverstanden, Anne!“, rief Philipp. Aber die lauten Trommeln und das Schellen der Becken übertönten seine Stimme. „Anne, komm zurück!“, rief er etwas lauter.

Aber Anne folgte Mr. Dewey durch eine Tür hinter die Bühne.

„Verflixt!“, schimpfte Philipp und rannte den Gang entlang. Er schlüpfte durch die Tür und gelangte in einen leeren Flur.

„Wo ist sie hin?“, murmelte Philipp. Er hörte Stimmen und ging den Flur entlang, bis er Mr. Dewey sah, der mit einem glatzköpfigen Mann sprach. Er hielt ein Klemmbrett in der Hand.

„Da ist er!“, rief Anne und deutete auf Philipp.

„Darf ich vorstellen, das famose Geschwisterpaar *Der Fantastische Philipp und die Außergewöhnliche Anne*!“, sagte Mr. Dewey zu dem Mann.

„Diese kleinen Kinder sollen anstelle der Bambini-Brüder auftreten?“, fragte der Mann.

„Wir sind nicht mehr so klein“, sagte Anne. „Außerdem treten wir schon seit Jahren als Zauberkünstler auf.“

„Entschuldigung. Meine Schwester hat einen Fehler gemacht. Wir können die Vorstellung nicht machen“, sagte Philipp. „Wir … wir haben keine Kostüme dabei. Wir haben gar nichts dabei!“

„Kein Problem“, erwiderte Mr. Dewey. „Die Bambini-Brüder haben ihre Sachen hier gelassen.“

„Siehst du“, sagte Anne zu Philipp.

„Aber –“, begann Philipp.

„Ich übergebe euch jetzt in die Hände von Mr. Wilson, unserem Bühnenmanager“, sagte Mr. Dewey. „Viel Glück! Ich muss Mrs. Crenshaw sagen, dass sie die Türen öffnen soll, damit die Horde hereinkann. Der Abend kann beginnen!“ Mr. Dewey verschwand.

„Ihr wisst hoffentlich, was ihr tut“, sagte Mr. Wilson und schüttelte den Kopf. „Samstagabends kann das Publikum ziemlich wild werden.“

„Keine Sorge“, sagte Anne grinsend. „Unsere Zauberstücke sind manchmal auch ziemlich wild.“

Philipp traute seinen Ohren nicht! Sie hatte die Sache ganz allein in die Hand genommen.

Mr. Wilson lachte. „Gut. Ich bin froh, dass du so zuversichtlich bist, Außergewöhnliche Anne. Kommt mit, eure Umkleidekabine ist gleich neben der von Mr. Houdini.“

„Ist Mr. Houdini schon da?“, fragte Anne.

„Nein, er kommt erst um halb neun“,

antwortete Mr. Wilson. Er führte die Geschwister den Flur hinunter und öffnete eine Tür.

„Bitte sehr." Der Bühnenmanager winkte Philipp und Anne in einen kleinen Raum. „Die Bambinis haben all ihre Sachen zurückgelassen. Nehmt euch, was ihr braucht. Ihr könnt auch ihre Kostüme anziehen. Die beiden sind nicht sehr groß."

„Das sieht großartig aus", sagte Anne begeistert.

Auf einem Tisch lagen Zauberstäbe, Karten, Silberringe so groß wie Teller, Zylinder, zwei rote Fliegen und weiße Handschuhe. Über einem Stuhl hingen Anzughosen, Hemden und Westen.

„Oh, sieh mal!“, rief Anne.

Auf dem Boden standen zwei Käfige. In einem saßen drei Kaninchen und in dem anderen zwei weiße Tauben.

„Sind die niedlich“, sagte Anne. „Was machen sie hier?“

„Sie gehören zur Show“, erklärte Mr. Wilson. Er sah verwundert aus. „Die meisten Zauberkünstler benutzen Tauben und Kaninchen. Ihr etwa nicht?“

„Doch, klar“, sagte Anne schnell. „Das tun wir natürlich.“

„Das ist verrückt“, meinte Philipp. „Wir können doch nicht einfach die Sachen von den Bambinis benutzen. Was, wenn sie zurückkommen?“

„Die kommen nicht zurück“, antwortete Mr. Wilson. „Mr. Dewey hat ihnen gedroht, die Polizei zu rufen. Sie haben uns schon zum zweiten Mal bestohlen. Nach der Vorstellung nimmt Mrs. Crenshaw die Kaninchen und Tauben mit nach Hause und schenkt sie ihren Kindern.“

„Oh, das ist gut“, sagte Anne.

„Ihr habt noch eine Dreiviertelstunde Zeit“, erklärte Mr. Wilson und sah auf seine Taschenuhr. „Ihr fangt um Viertel nach acht an. Eure Vorstellung muss eine halbe Stunde dauern. Verstanden?“

„Okay“, sagte Anne.

„Gut. Macht euch fertig. Ich werde euch dann rufen“, sagte Mr. Wilson. Der Bühnenmanager ging und schloss die Tür.

Anne grinste Philipp an. „Nicht zu fassen, oder?“, freute sie sich.

„Nein, nicht zu fassen“, sagte Philipp sauer.

Annes Grinsen verschwand. „Was ist

los? Du siehst nicht sehr begeistert aus", wunderte sie sich.

„Bin ich auch nicht", erwiderte Philipp. „Ich bin wütend. Richtig wütend."

„Warum?", fragte Anne.

„Weil wir das hier nicht gemeinsam entschieden haben", antwortete Philipp. „Du hast mir gar nicht zugehört. Genauso wie vorhin, als ich die Karten kaufen wollte."

„Aber mit dem magischen Nebel wird das ein Riesenspaß", sagte Anne. „Außerdem werden wir Houdini treffen und helfen gleichzeitig Mr. Dewey. Das ist doch ein guter Plan, Philipp."

„Es mag ein guter Plan sein", sagte Philipp. „Aber darum geht es nicht. Es geht darum, dass wir uns nicht abgesprochen haben. Wir sind doch ein Team."

„Aber wenn es ein guter Plan ist, dann ist es doch egal, dass wir vorher nicht darüber gesprochen haben", meinte Anne. „Warum kannst du nicht einfach mitmachen?"

„Weil ich nicht will", sagte Philipp. „Du hast ganz allein entschieden, dass du das machen willst, also mach es auch allein. Geh auf die Bühne und benutze den magischen Nebel allein."

„Echt?", fragte Anne.

„Echt", sagte Philipp.

„Na gut", meinte Anne.

„Okay", sagte Philipp.

„Dann tschüs", sagte Anne.

„Tschüs", sagte Philipp. Er stürmte aus dem Zimmer und knallte die Tür hinter sich zu. Er lief den Flur entlang und durch die Tür zurück in den Vorführungssaal.

Eine lärmende Menge strömte durch die Gänge. Das Ordnungspersonal wies Jugendliche zurecht, die sich schubsten und über die Sitze kletterten. „Solche Randalierer!", dachte Philipp und war froh, dass er nicht auf der Bühne auftreten musste.

Er kämpfte sich durch den Saal und die volle Eingangshalle. Er schlüpfte am Kartenkontrolleur vorbei und quetschte sich durch die Menge, die durch die Tür drängte.

So schnell er konnte, lief Philipp die

Straße entlang und entfernte sich immer weiter vom Theater.

„Sie schafft das sowieso nicht alleine", dachte Philipp. „Ist mir aber egal. Soll sie doch Merlins magischen Nebel benutzen und vor diesen Randalierern auftreten, wenn sie will. Ich habe dazu keine Lust. Sie kann am magischen Nebel schnuppern und … oh. Oh!"

Philipp blieb stehen. Er griff in seine Tasche und zog die kleine Flasche heraus. „Oh, nein!", stöhnte er. Anne hatte den magischen Nebel nicht. Er hatte ihn!

Zusammen

Philipp wirbelte herum und rannte die Straße zurück. Der Bürgersteig war so belebt, dass er kaum vorwärtskam. Also sprang er auf die Straße und lief neben den altmodischen Autos und Pferdekutschen her.

Als Philipp zum Theater kam, strömten noch immer Besucher hinein. Er drängte sich durch die Menge und versuchte, niemanden zu fest anzurempeln. „Entschuldigung, Entschuldigung“, sagte er. Er versuchte, sich am Kartenkontrolleur vorbeizuschleichen, aber der Mann packte ihn am Arm. „Karte, Junge!“

„Ich habe keine Karte“, sagte Philipp. „Aber ich muss ganz schnell hinter die Bühne.“

„Vergiss es“, antwortete der Kartenkontrolleur.

„Warten Sie“, sagte Philipp. Er deutete auf die Tafel, auf der ihr Auftritt angekündigt wurde. „Ich bin der Fantastische Philipp!“

„Ich kann an dir nichts Fantastisches erkennen“, meinte der Mann. „Verschwinde jetzt oder ich rufe die Polizei. Der Nächste, bitte.“

Philipp trat von der Tür zurück. Er zog seine Uhr aus der Tasche. Es waren nur noch zwanzig Minuten, bis Anne auftreten sollte! Er lief auf dem Bürgersteig hin und her und sah sich verzweifelt nach einem anderen Eingang um.

„Irgendwo muss es eine Tür geben, die hinter die Bühne führt“, überlegte er. Er blickte in einen langen, schmalen Gang neben dem Gebäude, in dem es sehr dunkel war. Nur aus ein paar Fenstern weit oben fiel etwas Licht. Hinter einer Mülltonne kam eine Ratte hervorgehuscht.

Philipp rannte in den Gang und bis zur nächsten Ecke. Dort fand er den Hintereingang. Aber als er auf die Türklinke drückte, war sie verriegelt. Er klopfte, aber niemand öffnete ihm.

„Die Fenster!“, dachte Philipp. Er rannte zurück in den dunklen Gang. Um an ein Fenster zu kommen, musste er auf eine

Mülltonne steigen. Philipp stellte sich auf die Zehenspitzen und spähte durch das Fenster. Er konnte einen leeren Flur sehen. Vorsichtig kletterte er auf die nächste Mülltonne und sah auch hier durch das Fenster.

Jetzt blickte Philipp in die Umkleidekabine der Bambini-Brüder. Er sah Anne in einem übergroßen Anzug. Sie starrte auf ein Stück Papier.

Philipp klopfte an das Fenster. „Anne! Anne!“, rief er.

Als Anne ihn erblickte, strahlte sie über das ganze Gesicht. „Hallo!“, rief sie. Sie legte das Stück Papier weg und stieg auf einen Stuhl. Sie schob den Riegel auf und öffnete das Fenster. „Danke, dass du zurückgekommen bist“, sagte sie. „Es tut mir so leid, Philipp!“

„Mach dir keine Gedanken“, erwiderte er.

„Kommst du rein?“, fragte Anne.

„Ja. Warte kurz.“ Er zog sich am Fensterbrett hoch und kletterte hinein.

Anne half ihm auf den Stuhl und dann auf den Boden.

Philipp griff in seine Tasche und zog das kleine Fläschchen heraus. „Das wirst du brauchen, bevor du auf die Bühne gehst“, sagte er außer Atem. „Nebel, der beim ersten Sonnenstrahl … am ersten Tag … des Neumonds … auf der Insel Avalon gesammelt wurde.“

„Danke“, sagte Anne und nahm die Flasche an sich. „Als ich gemerkt habe, dass ich den magischen Nebel nicht habe, wusste ich nicht mehr, was ich tun sollte.“

„Das habe ich mir gedacht“, meinte Philipp.

Anne nahm den Zettel vom Tisch.

„Guck mal“, sagte sie und reichte ihn Philipp. „Den müssen die Bambini-Brüder liegen gelassen haben.“

Anne und Philipp betrachteten gemeinsam den Zettel. „Sieht aus wie eine Liste von Zaubertricks“, sagte Philipp. Er las vor:

„Ich habe alle Sachen dafür hier“, sagte Anne. „Zwei Zauberstäbe, drei Kaninchen, zwei Tauben, einen Stapel Karten und drei große Ringe.“

„Ja, es ist alles da“, meinte Philipp.

„Aber was sollen wir damit machen?“, fragte Anne.

„Vielleicht weißt du es, wenn du den magischen Nebel benutzt hast“, schlug Philipp vor.

„Oh, ja, bestimmt“, freute sich Anne.

„Ja“, sagte Philipp.

„Jetzt kann ich die Aufführung kaum noch erwarten“, sagte Anne.

„Du wirst bestimmt viel Spaß haben“, sagte Philipp.

„Was meinst du?“, fragte Anne. „Soll ich wirklich allein auftreten? Oder sollen wir es doch zusammen machen?“

Philipp starrte sie einen Moment lang an, dann seufzte er. „Zusammen“, antwortete er leise.

„Juhu!“, freute sich Anne. „Wir werden ein super Team sein. Versprochen.“ Sie hielt die kleine Flasche hoch. „Sollen wir den Nebel jetzt sofort einatmen? Was meinst du?“

„Hm“, machte Philipp. „Ja. Dann können wir uns besser vorbereiten. Aber denk dran, der Zauber hält nur eine Stunde an.“ Er sah auf seine Uhr. „Es ist fünf nach acht. Wenn wir den Nebel jetzt benutzen, werden wir bis fünf nach neun großartige Zauberer sein.“

„Sehr gut“, sagte Anne. „Wir starten um Viertel nach acht und die Show dauert eine halbe Stunde. Wir gehen also um Viertel vor neun von der Bühne.“

Es klopfte an der Tür und Mr. Wilson streckte den Kopf herein. Der Lärm des Publikums drang wie Löwengebrüll in den Raum. Philipp hörte Fußstampfen, Pfiffe und Rufe.

„In zehn Minuten geht es los“, sagte Mr. Wilson.

„Danke“, erwiderte Anne.

Die Tür schloss sich. Philipp sah Anne

erschrocken an. „Hast du das gehört?“, fragte er.

„Keine Panik“, sagte Anne. „Schnell, lass uns die Magie benutzen!“ Sie zog den Stöpsel aus der Flasche. „Bereit?“

Philipp nickte.

Anne hielt sich das Fläschchen unter die Nase. „Wir wünschen uns, großartige Zauberkünstler zu sein!“, rief sie und atmete tief ein. Dann reichte sie Philipp die Flasche. Philipp machte die Augen zu und atmete den Nebel ein. Er roch nach feuchtem Gras, Seewasser und wilden Kräutern. Philipp verschloss die Flasche wieder und verstaute sie in seiner Hosentasche.

Er grinste Anne an. Er fühlte sich wie ein neuer Mensch. Das Publikum machte ihm keine Angst mehr. Im Gegenteil, er konnte es kaum erwarten, auf die Bühne zu gehen und den Menschen zu zeigen, was er konnte.

„Okay!“, rief Philipp entschlossen und klatschte in die Hände. „Ich ziehe besser mein Kostüm an!“ Er nahm den zweiten Anzug und schlüpfte hinein.

Die Sachen waren etwas zu groß für ihn, aber es störte ihn überhaupt nicht. Er krempelte die Hosenbeine und Ärmel einfach hoch.

„Du siehst wie ein richtiger Zauberer aus", sagte Anne.

„Natürlich", erwiderte Philipp und band seine Fliege vor dem Spiegel. „Das bin ich ja auch. Genau wie du." Er sah sich im Zimmer um. In der Ecke stand ein Tisch auf einem kleinen Podest.

Er war mit einer schwarzen Tischdecke aus Samt bedeckt und hatte goldene Fransen am Saum.

„Lass uns alles für die Show vorbereiten. Zuerst setzen wir die Kaninchen und Tauben in das Geheimfach im Tisch", sagte er.

„Ja", sagte Anne. „Kein Problem."

Philipp und Anne bereiteten ihre Tricks vor, als hätten sie das schon tausendmal gemacht. Philipp stellte den Hasenkäfig auf den Tisch und drückte auf die versteckte Falltür in der Tischplatte. Sie klappte nach unten auf.

„Rein mit euch", sagte er. Er nahm die drei Kaninchen aus dem Käfig und versteckte sie im Tisch. „Bis später."

Während Philipp die Kaninchen versteckte, kümmerte sich Anne um die Tauben. Sie öffnete eine zweite kleine Tür in der Tischplatte und setzte die beiden Tauben in ein weiteres Geheimfach.

Philipp legte die Karten in die Mitte des Tisches. Anne schob die beiden Zauberstäbe in die Ärmel ihrer Anzugjacke.

Philipp zog seine Taschenuhr aus der Hose. „Acht Uhr fünfzehn“, stellte er fest.

Anne lächelte. „Wir haben noch fünfzig Minuten Magie übrig“, sagte sie.

Philipp steckte die Uhr in seine Jackentasche. Anne legte die silbernen Ringe auf den Tisch.

Es klopfte an die Tür und Mr. Wilson schaute herein.

„Fertig? Fantastischer Philipp? Außergewöhnliche Anne?“, fragte der Bühnenmanager.

Diesmal erschreckte der Lärm des Publikums Philipp nicht im Geringsten. Er spornte ihn eher an. „Ja, Mr. Wilson! Vielen Dank“, lachte er.

„Wären Sie so freundlich und würden unseren Tisch in die Mitte der Bühne stellen lassen“, bat Anne.

„Hank! John!“, rief Mr. Wilson. Zwei Bühnenarbeiter erschienen. Sie hoben den Tisch hoch und trugen ihn aus dem Zimmer. Als die Männer weg waren, streiften Philipp und Anne ihre weißen Handschuhe über.

„Bist du dir sicher, dass du mitmachen willst?“, fragte Anne.

„Absolut.“ Philipp lächelte sie an. Er glättete seine Handschuhe und wackelte mit den Fingern. Dann setzte er seinen Zylinder auf den Kopf. „Gehen wir“, sagte er und öffnete die Tür. „Die Show kann beginnen!“

Der Fantastische Philipp und die Außergewöhnliche Anne

Das Orchester spielte und Mr. Wilson führte Philipp und Anne durch den Bereich hinter der Bühne. „Passt auf euch auf“, sagte er. „Wie ich bereits gesagt habe, die Meute da draußen ist ziemlich wild.“
Philipp lächelte zuversichtlich. „Wir können es mit jeder Meute aufnehmen“, dachte er.

Hank und John stellten den Tisch mit den Zaubersachen mitten auf die Bühne, der Vorhang war noch geschlossen. Sanftes Licht schimmerte auf der Bühne.

„Auf die Plätze!“, rief Mr. Wilson.

Philipp und Anne nickten und stellten sich vor den Tisch. Sie hörten einen langen Trommelwirbel und dann das laute Schellen der Becken. Als der Ton verklang, sprach Mr. Dewey zum Publikum.

„Meine Damen und Herren! Willkommen zur Vorstellung des Großen Houdini! Heute Abend habe ich eine ganz besondere Überraschung für Sie. Wie Sie wissen, sollten die Bambini-Brüder die Vorstellung eröffnen. Doch stattdessen haben Sie das Glück, zwei wirklich unglaubliche Zauberkünstler zu erleben. Die beiden sind schon in Theatern auf der ganzen Welt aufgetreten und heute Abend sind sie hier, um für Sie zu zaubern! Meine Damen und Herren, begrüßen Sie den *Fantastischen Philipp und die Außergewöhnliche Anne*!"

Ein Trompetenstoß ertönte, der Vorhang hob sich und das Publikum klatschte, als Philipp und Anne ins Scheinwerferlicht traten.

Philipp betrachtete das Publikum und kicherte in sich hinein. Sein Herz klopfte, aber nicht aus Angst. Es klopfte vor Freude, denn er wollte sein Bestes geben.

„Guten Abend!", rief Philipp über den Applaus hinweg. „Man nennt mich den *Fantastischen Philipp*, weil für mich nichts fantastischer ist, als euch zu unterhalten! Und meine Schwester nennt man *Außergewöhnliche Anne*, weil –" Philipp deutete auf Anne.

„Weil ich es liebe, euch mit meinen außergewöhnlichen Fähigkeiten zum Staunen zu bringen!“, rief Anne.

Die Becken dröhnten. Die Menge lachte.

„Lasst euch von unserem jungen Alter nicht täuschen“, sprach Anne weiter. „Mein Bruder und ich haben die ganze Welt bereist, um alte und neue Geheimnisse zu entdecken.“

Philipp nahm seinen Zylinder ab und hielt ihn der Menge hin. „Richten Sie Ihre Aufmerksamkeit auf meinen Hut“, sagte er. „Wie Sie sehen können, ist es ein ganz normaler Zylinder. Allerdings geschehen merkwürdige Dinge mit ihm, wenn ich ihn mit einem Zauberstab berühre, den uns eine arabische Prinzessin geschenkt hat."

Philipp sah sich suchend um. „Oh, nein, ich habe meinen Zauberstab wohl vergessen."

Anne trat vor. Sie schwenkte ihren Arm vor dem Körper – und *Simsalabim*! Ein Zauberstab erschien in ihrer Hand. Philipp wusste, dass sie einen der versteckten Zauberstäbe aus ihrem Ärmel hatte gleiten lassen.

Die Becken ertönten.

Die Menge jubelte.

Anne grinste und verbeugte sich.

Während Anne das Publikum ablenkte,

stellte Philipp seinen Hut verkehrt herum auf den Tisch. Unbeobachtet drückte er auf den Knopf, der die geheime Falltür unter dem Hut öffnete.

„Vielen Dank, Anne!“, rief Philipp.

Anne reichte Philipp den Zauberstab und er ließ ihn um die Hutkrempe kreisen.

Die Menge wurde leise.

Mit tiefer, geheimnisvoller Stimme begann Philipp zu sprechen: „*Sim-bal-wi-do-si-gu-hey!* Das bedeutet: Oh, Zylinder, was hältst du heute für mich bereit?“

Philipp tippte gegen den Hut, trat vom Tisch zurück und wandte sich an Anne. „Meine Liebe, würdest du bitte in meinen Hut sehen? Ich habe das Gefühl, dass sich eine Überraschung darin verbirgt“, sagte er.

Ein Trommelwirbel ertönte, als Anne langsam in den Hut griff. Philipp wusste, dass sie die geheime Öffnung im Zylinder nach unten drückte.

Ein weißes Kaninchen sprang plötzlich aus dem Versteck in den Hut und dann auf Annes Arm.

Das Orchester spielte einen Tusch und das Publikum jubelte.

Zwei weitere Kaninchen sprangen heraus! Anne fing sie auf und machte ein überraschtes Gesicht.

Die Becken krachten schellend gegeneinander.

Das Publikum lachte und klatschte.

Anne reichte Hank und John die Kaninchen, die sie von der Bühne brachten. Dann nahm sie ihren eigenen Hut ab. „Meine Damen und Herren!“, rief sie. „Wie Sie sehen können, ist mein Zylinder genauso leer wie der meines Bruders.“ Sie zeigte dem Publikum das Innere des Huts. „Aber auch er verbirgt Wunderbares.“

Anne stellte den Zylinder neben Philipps Hut auf den Tisch, genau über die zweite Falltür. „Oh, ich brauche auch einen Zauberstab“, sagte sie. Dieses Mal schwenkte sie ihren linken Arm vor sich und – *Simsalabim*! Der zweite Zauberstab kam zum Vorschein.

Die Menge applaudierte und Anne schwenkte den Stab über ihrem Hut.

„Sim-bal-hula-hula-hi-ho-hey!“, rief sie mit verstellter Stimme. „Das bedeutet: Oh, Zylinder, zeige mir, was du verbirgst!“

Philipp griff in den Hut, drückte die Geheimklappe nach unten und hob vorsichtig eine Taube heraus. Während das Publikum jubelte und klatschte, holte er die zweite Taube heraus. Philipp reichte Anne die beiden Vögel. Sie setzten sich auf ihre Hände, breiteten die Flügel aus und verbeugten sich.

Die Becken schellten.

Das Publikum jubelte und klatschte.

Während Anne die Menge mit den Tauben ablenkte, nahm Philipp den Kartenstapel vom Tisch und trat in den Schatten. Hinter seinem Rücken teilte er den Stapel in zwei gleiche Hälften und verbarg sie in seinen Händen.

Anne gab Hank und John die Tauben, dann wandte sie sich wieder ans Publikum. „Nun wird mein Bruder euch etwas zeigen!“, rief Anne. „Fantastischer Philipp?“

Philipp nahm Annes Platz im Scheinwerferlicht ein. „Sind heute Kartenspieler anwesend?“, rief er.

Viele Leute hoben ihre Hände. Einige lachten und machten Scherze.

„Nun denn, meine Freunde“, sagte Philipp. „Mein Rat an euch: Spielt niemals Karten mit einem Zauberer!“ Während er sprach, schob er die oberste Karte des rechten Stapels bis an seine Fingerspitzen.

„Manche Leute sind allerdings verrückt genug, mich zu einem Spiel herauszufordern“, sprach er weiter. „Ich habe meine

Karten immer bei mir, aber ich hole sie erst hervor, wenn ich sie wirklich brauche!“

Philipp hob die rechte Hand und ließ unbemerkt eine Karte herausschnellen.

Dabei sah es aus, als würde er sie aus der Luft greifen. Das Publikum keuchte überrascht auf. Die Becken schepperten laut.

„Natürlich kann man ein Kartenspiel nicht nur mit einer einzelnen Karte spielen“, sagte Philipp. Er streckte die linke Hand in die Luft. „Ah, gut! Hier ist noch eine … und noch eine … und noch eine!“

Der Trommler schlug jedes Mal auf seine Pauke, wenn Philipp eine Karte hervorzauberte. Eine Karte nach der anderen erschien. „Noch eine! Und noch eine!“, rief Philipp. „Meine Güte, das scheint ein vollständiges Kartenset zu sein“, sagte er schließlich. „Wer hat Lust auf eine Runde Poker?“

Die Becken schellten. Das Publikum jubelte und Philipp verbeugte sich.

Anne trat ins Scheinwerferlicht und hielt drei große Ringe hoch. „Vor langer Zeit erlernten wir in einem chinesischen Palast die Kunst der magischen Ringe“, sagte sie.

Philipp wusste, dass sich in einem der Ringe eine kleine Öffnung befand. Anne versteckte die Öffnung zwischen Daumen und Zeigefinger, sodass niemand sie sehen konnte.

„Das hier sind drei stabile silberne Ringe“, erzählte Anne dem Publikum. „Es gibt keine Möglichkeit, sie miteinander zu verschränken!“ Sie schlug die Ringe gegeneinander und tat so, als wolle sie die drei ineinanderschieben. Es funktionierte nicht.

Philipp trat vor. „Doch ein chinesischer Gelehrter brachte uns ein magisches Lied bei.“ Philipp schwenkte seinen Zauberstab über dem ersten Ring und sang mit tiefer Stimme: *„Hong-Fong-Tong-Pong!“*

Anne schlug die Ringe gegeneinander und schob die ersten zwei durch die Öffnung im dritten Ring. Sie bewegte ihre Hände so flink, dass niemand den Trick sehen konnte.

„Und wieder hat die Magie gewirkt!“, rief sie und hob die drei Ringe hoch.

Trommelwirbel ertönte.

Die Menge applaudierte und Anne löste die Ringe wieder voneinander. Dann warf sie die zwei ohne Öffnung hoch in die Luft. Beim Auffangen ließ sie beide durch die Öffnung im dritten gleiten.

Anne hielt die drei verschränkten Ringe hoch und das Orchester spielte einen Tusch. Sie verbeugte sich und das Publikum klatschte und jubelte.

Philipp trat zu ihr ins Scheinwerferlicht. „Ihr wart ein hervorragendes Publikum!“, rief er. „Wir werden euch nie vergessen. Aber nun müssen wir uns verabschieden. Macht euch bereit für den Auftritt des unglaublichsten Entfesselungszauberers aller Zeiten: den Großen Houdini!“

Trompeten ertönten. Alle jubelten und stampften mit den Füßen.

Philipp und Anne verbeugten sich schwungvoll. Sie lüfteten ihre Zylinder. Dann liefen sie lachend und winkend von der Bühne und der Vorhang ging zu.

Beeil dich, Houdini!

„Wir haben es geschafft!“, freute sich Anne.

„Wir waren großartig!“, jubelte Philipp.

Lächelnd zogen sie die weißen Handschuhe aus. Hank und John erschienen und räumten schnell den Zaubertisch weg. „Tolle Show!“, lobten sie die Geschwister.

„Vielen Dank“, erwiderte Philipp und knotete seine Fliege auf.

„Wie viel Uhr ist es?“, fragte Anne.

Philipp holte seine Uhr aus der Tasche. „Acht Uhr und achtundvierzig Minuten“, antwortete er. „Das hat perfekt geklappt. Wir haben sogar noch siebzehn Minuten Magie übrig.“

„Houdini sollte jetzt in seiner Umkleidekabine sein, schließlich ist er um neun Uhr dran“, meinte Anne. „Sollen wir mit ihm sprechen, solange wir noch großartige Zauberer sind?“

„Gute Idee!“, sagte Philipp.

Philipp und Anne liefen zu den Umkleideräumen. Vor Houdinis Tür stand Mr. Dewey. Er wrang die Hände und lief auf und ab. „Er ist nicht da!“, rief er. „Er ist nicht da!“

„Wer?“, fragte Philipp.

„Houdini?“, wunderte sich Anne.

„Wer sonst?“, schrie Mr. Dewey. „Er ist nicht da! NICHT DA!“

„Wo ist er denn? Was ist passiert?“, fragte Philipp.

„Keine Ahnung!“, schrie Mr. Dewey. „Ich weiß nur, dass es eine Katastrophe ist! Die Leute werden ihr Geld zurückverlangen! Und womöglich das Theater verwüsten. Ich stehe vor dem Ruin! Oh Schande! Alles ist verloren!“

Eine Tür klapperte und Mr. Wilson rannte herbei. „Draußen ist er auch nicht, Boss“, sagte er.

„Oh, Wilson!“, rief Mr. Dewey. „Das ist das Ende! Wir sind verloren!“

Mr. Wilson nickte grimmig.

Philipp sah auf seine Taschenuhr. „Zehn vor neun“, sagte er. „Vielleicht schafft er es ja noch rechtzeitig.“

Mr. Dewey warf die Arme in die Luft. „Beeil dich, Houdini!“, rief er flehentlich. „Beeile dich!“ Dann verbarg er das Gesicht in den Händen.

„Oh, Mann!“, dachte Philipp. Mr. Dewey war sehr verzweifelt. Wo steckte Houdini nur? Anne und er brauchten ihn auch, sonst würden sie von ihm nicht das Geheimnis wahrer Größe erfahren.

„Hört zu, Kinder, wenn er bis neun Uhr nicht da ist, müsst ihr noch mal rauf“, sagte Mr. Wilson zu den Geschwistern.

„Wo rauf?“, fragte Philipp.

„Auf die Bühne“, antwortete Mr. Wilson.

Mr. Dewey sah auf. „Ja!“, rief er. „Ihr habt gesagt, dass ihr Hunderte Tricks kennt. Ihr müsst weitermachen, bis er kommt – falls er kommt. Unterhaltet die Meute, bis er da ist. Und wenn er nicht kommt, dann übernehmt ihr gleich die ganze Vorstellung. Rettet mich! Ich bezahle euch auch gut!"

„Nein, nein, das müssen Sie nicht", sagte Anne. „Wir helfen gern."

„Anne, hör auf", wisperte Philipp. „Die magische Stunde ist fast vorbei." Er sah Mr. Dewey an. „Es tut mir leid, aber wir können nicht noch mal auf die Bühne gehen."

„Ihr müsst! Ihr müsst!", sagte Mr. Dewey. „Sie lieben euch! Geht rauf und rettet mein Theater! Rettet mein Leben! Bitte!"

„Ganz ruhig", versuchte Philipp, den aufgelösten Mann zu beruhigen. Er wusste nicht, was er sonst sagen sollte.

„Keine Sorge, Mr. Dewey, wir helfen Ihnen", sagte Anne.

„Danke!", rief Mr. Dewey. „Ich halte draußen nach Houdini Ausschau."

Mr. Dewey lief davon. Mr. Wilson befahl seinen Leuten, die Kaninchen und Tauben wieder in die Verstecke im Tisch zu setzen.

„Wir müssen reden“, sagte Philipp zu Anne. Sie schlüpften in ihren Umkleideraum und schlossen die Tür.

„Ich weiß, dass du nur eingewilligt hast, weil Mr. Dewey so verzweifelt war“, sagte Philipp. „Aber ich weiß wirklich nicht, wie wir ihm helfen sollen.“

„Na ja, wenn wir um neun Uhr auftreten, haben wir noch fünf Zauberminuten übrig“, sagte Anne.

„Ich weiß, aber was ist, wenn Houdini nach diesen fünf Minuten immer noch nicht da ist?“, fragte Philipp.

„Vielleicht können wir das Publikum irgendwie ablenken“, meinte Anne. „Wir können es wenigstens versuchen.“

„Hm.“ Philipp dachte einen Moment nach. „Vielleicht können wir noch mal die gleichen Tricks wie eben vorführen. Wir wissen ja jetzt, wie sie funktionieren. Auch ohne Magie können wir auf die geheime Klappe im Hut drücken und die Tiere aus den Verstecken holen. Und die Öffnung im Ring kennen wir auch.“

„Ja … stimmt. Gut“, meinte Anne.

„Du kannst den Kartentrick machen und ich die Ringe in die Luft werfen."

Mr. Wilson öffnete die Tür und der Lärm des Publikums dröhnte herein. Philipp hörte das Stampfen von Füßen und die Rufe der Leute: „Hou-di-ni! Hou-di-ni!"

„Alles ist wieder auf der Bühne", sagte Mr. Wilson. „Seid ihr bereit, die Meute zu zähmen?"

Philipp fühlte sich durch den magischen Nebel immer noch selbstbewusst. „Die Show muss weitergehen!", rief er.

„Wir sind bereit", sagte Anne.

Philipp und Anne folgten Mr. Wilson durch den Gang hinter der Bühne.

„Dewey ist draußen auf der Straße und sucht nach Houdini", erzählte Mr. Wilson. „Nehmt eure Plätze ein und ich ziehe den Vorhang hoch."

Die Geschwister stellten sich vor den kleinen Tisch auf der Bühne. Philipp sah auf die Uhr. Es war genau neun.

Der Vorhang hob sich und eine Fanfare ertönte. Das Publikum klatschte. Es dauerte einen Augenblick, bis es erkannte, dass

Philipp und Anne wieder auf der Bühne standen. Kurz war es still, dann begannen einige Leute zu pfeifen und zu buhen.

Philipp trat vor. Er tippte an seinen Zylinder und lachte fröhlich. „Was für eine Überraschung! Da sind wir wieder. Der Fantastische Philipp und die Außergewöhnliche Anne!“

Mehr Pfiffe und Rufe wurden laut.

„Ich verstehe eure Enttäuschung“, sagte Philipp. „Aber der große Zauberer bereitet sich gerade hinter der Bühne vor, um euch die beste Vorstellung aller Zeiten zu präsentieren. Also bitte erlaubt uns, euch noch wenige Minuten zu unterhalten.“

Das Publikum beruhigte sich, aber dann schrie jemand: „Ich will Houdini sehen!“

„Das wollen wir auch!", rief Philipp.

Das Publikum lachte.

Philipp drehte sich zu Anne um. „Den Zauberstab, liebe Schwester."

Anne ließ den Stab ihren Ärmel hinunter in die Hand gleiten. Die Becken schellten. Aber dieses Mal gab es nicht besonders viel Applaus.

Anne reichte Philipp den Zauberstab. Er stellte seinen Hut auf den Tisch und öffnete heimlich die Klappe. Philipp schwenkte den Zauberstab über dem Zylinder und öffnete den Mund, um etwas zu sagen, aber plötzlich – oh Schreck! – wusste er nicht mehr, was er sagen sollte.

Er hielt den Zauberstab mitten in der Luft an und sah zu Anne. Sie sah ebenfalls verwirrt aus. Die magische Stunde war vorüber. Der Zauber war vorbei.

Aus dem Publikum ertönten verärgerte Rufe. Philipp schämte sich plötzlich. Er konnte doch nicht vor all diesen Menschen Zaubertricks vorführen. Es war wie in einem Albtraum! Er konnte weder sprechen noch sich bewegen.

Anne kam zu ihm. Sie griff in den Hut und drückte die Klappe nach unten. Und heraus sprangen die Kaninchen – eins, zwei, drei! Doch Anne gelang es nicht, sie aufzufangen. Sie hüpften auf den Boden und hoppelten über die Bühne.

Das Publikum lachte.

Anne stellte ihren Hut auf die zweite Geheimklappe. Die Tauben flogen heraus. Sie kreisten über dem Tisch und Anne grinste unsicher. „Seht ihr? Zauberhafte Tauben“, sagte sie. Die Bühnenarbeiter kamen herauf und versuchten, die Tiere einzufangen.

Das Publikum buhte.

Die Musiker wussten nicht, was sie tun sollten und spielten einfach drauflos. Die Geigen quietschten, die Trommeln dröhnten und ein Trompetenstoß erklang.

Philipp griff nach dem Kartenstapel. „Äh … sind immer noch Kartenspieler unter euch?“, fragte er. Er breitete die Arme aus. Doch statt nur einer Karte flog ihm der ganze Stapel aus der Hand.

Anne griff nach den drei Silberringen, aber sie rutschten ihr aus der Hand und fielen klirrend zu Boden.

Aus dem Lachen und Buhen des Publikums war ein Schreien geworden: „Hou-di-ni! Hou-di-ni!“ Die Leute stampften mit den Füßen.

„Macht etwas anderes, etwas Neues!“, rief Mr. Wilson den Geschwistern von der Bühnenseite zu.

Philipp wollte runter von der Bühne. Er packte Anne am Arm. „Lass uns verschwinden“, sagte er.

„Warte!“, rief sie und betrachtete das Publikum aus zusammengekniffenen Augen. „Hör mal.“

Philipp hörte jemanden „Hurra!“ rufen. Dann ein Jubeln und Klatschen.

„Ist Houdini gekommen?“, überlegte er laut.

Das Publikum klatschte und schrie noch lauter: „Hou-di-ni! Hou-di-ni!“

Mr. Dewey führte eine Frau und einen Mann den Gang hinunter auf die Bühne zu. Auf dem Hut der Frau türmten sich Bananen und Rosen. „Ist das nicht Bess?“, fragte Philipp.

„Ja“, sagte Anne. „Das sind Bess und Harry!“

„Wie seltsam! Was machen sie hier?“, fragte Philipp. „Kommen sie, um uns zu helfen?“

Mr. Dewey führte Bess und Harry auf die Bühne.

Bess eilte auf Philipp und Anne zu. „Was macht ihr beiden denn hier?“, fragte sie erstaunt.

„Und Sie beide?“, fragte Anne.

„Wir wurden auf der *Fahrt zum Mond* aufgehalten. Die Gangschaltung hat geklemmt und wir saßen fest“, erzählte Bess. „Ihr zwei seid also Zauberkünstler?“

„Wir sind nur für die Bambini-Brüder eingesprungen“, antwortete Philipp. „Und dann –“

„He, was macht Harry denn da?“, fragte Anne.

Harry war an den Rand der Bühne getreten und verbeugte sich. Das Publikum jubelte und schrie.

Harry hob die Arme, um die Menge zu beruhigen. Dann deutete er zu Philipp und Anne hinüber. „Kommt her, Kinder", sagte er.

Anne und Philipp traten zu ihm. Harry legte einen Arm um Philipp und einen um Anne.

Dann wandte er sich an das Publikum. „Leute, war das nicht die merkwürdigste Zaubervorstellung, die ihr je gesehen habt? Ha! Das ist alles Teil der Show! Ich habe meine jungen Freunde darum gebeten, euch aufzuwärmen … und das haben sie getan! Seid ihr jetzt bereit?"

„Ja!", schrie die Menge. „Ja!"

Harry sah von Anne zu Philipp. „Ihr könnt euch jetzt ausruhen, Kinder", sagte er. „Der Große Houdini ist da."

Der Meister des Entkommens

„Sie … Sie?“, keuchte Anne.

„Sie sind der Große Houdini?“, fragte Philipp. Er konnte es nicht glauben.

„Es dauert nur noch einen kleinen Moment, dann beginnt die Show!“, rief Houdini ins Publikum. „Setzen Sie sich gemütlich hin, wir sind gleich wieder da! Und bitte, einen großen Applaus für unsere beiden kleinen Zauberer!“

Musik wurde gespielt. Philipp und Anne verbeugten sich. Die Menge jubelte und der rote Vorhang ging zu. Bess eilte zu Philipp und Anne. „Vielen Dank für eure Hilfe“, sagte sie.

„Wir haben nicht gewusst, dass ihr auch Zauberkünstler seid“, sagte Harry.

„Und wir haben nicht gewusst, dass Sie der Große Houdini sind“, lachte Anne.

„Das haben wir uns gedacht“, erwiderte Bess. „Entschuldigt bitte, dass wir uns einen kleinen Spaß mit euch gemacht haben.“

„Harry! Beeil dich!“, rief Mr. Dewey. Der Theaterbesitzer führte Harry zu seiner Garderobe.

„Vielen Dank, Kinder, dass ihr eingesprungen seid“, sagte Bess erneut und umarmte die Geschwister.

„Alles runter von der Bühne!“, rief Mr. Wilson. „Gleich geht es los.“

„Bleibt hier und seht zu“, sagte Bess zu Philipp und Anne. Sie führte die beiden zu einigen Stühlen am Bühnenrand. „Ihr könnt hier sitzen! Ich muss jetzt Harry helfen.“ Eilig lief sie zur Garderobe.

Das Lärmen des Publikums erfüllte das Theater. „Nicht zu glauben, oder?“, sagte Anne zu Philipp.

„Ich kann es nicht glauben“, antwortete Philipp. Er war ganz benommen.

„Vielleicht erfahren wir jetzt doch noch das Geheimnis wahrer Größe von ihm“, sagte Anne hoffnungsvoll.

„Ja“, erwiderte Philipp. Er zog die Handschuhe aus und betrachtete den Ring der Wahrheit an seinem Finger. Er hoffte, dass er bald aufleuchten würde.

Während sich die Houdinis auf die Show vorbereiteten, fingen die Bühnenarbeiter die restlichen Kaninchen und Tauben ein und setzten sie zurück in ihre Käfige. Dann räumten sie die Karten und Ringe weg und brachten den Tisch fort.

„Stellt Harrys Schrank auf die Bühne!“, rief Mr. Wilson.

Hank und John trugen einen Holzschrank auf die Bühne. Er war auf drei Seiten mit schwarzem Stoff bespannt. Die Vorderseite verdeckte ein schwarzer Vorhang.

Gerade als das Publikum wieder mit den Füßen zu stampfen begann, führte Mr. Dewey die Houdinis aus der Garderobe. Bess trug eine weiße Strumpfhose und ein kurzes Kleid. Locken ringelten sich um ihr Gesicht. Harry trug einen eleganten schwarzen Anzug und sein Haar war ordentlich gekämmt.

Der Vorhang ging auf und das Orchester spielte einen Tusch.

Bess stellte sich neben den Schrank, während Harry ins Scheinwerferlicht trat. Einen Augenblick lang starrte er ins Publikum. Als es endlich ruhig wurde, begann er zu sprechen und seine Stimme war bis in die letzte Stuhlreihe zu hören: „Meine Damen und Herren, ich, Harry Houdini, möchte eine Wette mit Ihnen eingehen. Ich wette um tausend Dollar, dass es kein Schloss gibt, das mich gefangen halten kann. Man nennt mich schließlich nicht umsonst den Meister des Entkommens!"

Ab diesem Moment war Harry Houdini tatsächlich der Meister des Entkommens. Das Orchester spielte und er vollführte seine Tricks voller Selbstbewusstsein. Mehrere Male lud er Freiwillige zu sich auf die Bühne ein, damit sie sich überzeugen konnten, dass die Vorhängeschlösser fest verschlossen und die Knoten fest geknotet waren.

Bei seinem ersten Trick bat er einen Freiwilligen, die drei Paar Handschellen zu kontrollieren, die Bess ihm um die Handgelenke gelegt hatte. Dann trat er in seinen Schrank.

Bess schloss den Vorhang. „Lasst uns gemeinsam bis zehn zählen!“, rief sie der Menge zu.

„Eins! Zwei! Drei …“, schrien alle.

Bei zehn öffnete Houdini den Vorhang – die Handschellen baumelten von seiner linken Hand!

Philipp und Anne keuchten. „Wie hat er das gemacht?“, fragte Philipp.

Harry wiederholte den Trick, allerdings mit höherem Schwierigkeitsgrad. Diesmal schloss Bess nicht nur Handschellen um seine Handgelenke, sie wickelte auch Ketten um seine Fußgelenke und sicherte sie mit Vorhängeschlössern. Wieder überzeugten sich Freiwillige, dass die Schlösser fest zu waren.

Als sich der schwarze Vorhang schloss, bat Bess das Publikum wieder darum zu zählen. Bei zehn öffnete Harry den Vorhang – befreit von Handschellen und Fußketten. Die Menge jubelte und klatschte.

„Und jetzt“, sagte er, „wird euch der Meister des Entkommens seinen aufregendsten und gefährlichsten Trick vorführen!“

Houdini verließ die Bühne. Das Orchester spielte unheimliche Musik, als Hank und John eine riesige Milchkanne herbeitrugen und in den Schrank stellten. Ein Murmeln breitete sich im Publikum aus, als die beiden die Milchkanne mit Eimern voller Wasser füllten.

Houdini kam in einen altmodischen Badeanzug gekleidet zurück. Bess legte ihm erneut drei Paar Handschellen an. Nachdem ein Freiwilliger sie überprüft hatte, kletterte Houdini in die riesige Milchkanne.

Philipp und Anne standen auf, um besser sehen zu können.

Langsam ließ sich Houdini in das riesige Gefäß hineingleiten. Wasser schwappte über den Rand. Bess schloss den Deckel, sicherte ihn mit einem Vorhängeschloss und zog den Vorhang zu.

Solange die Milchkanne nicht zu sehen war, spielte das Orchester *ticktack, ticktack*. Philipp wagte kaum zu atmen. Eine Minute verging … zwei Minuten … Das Publikum hielt den Atem an.

„Wie schafft es Houdini, nicht zu ertrinken?“, wunderte sich Philipp. „Wie soll er sich dort drinnen nur von den Handschellen befreien?“

Plötzlich schlug Houdini den Vorhang zurück. Er war wieder entkommen und stand nun tropfnass vor der Milchkanne!

Er trat zur Seite und deutete auf den Deckel – er war noch immer verschlossen!

Bess reichte Harry einen roten Bademantel und das Publikum jubelte. Das Orchester spielte einen Triumphmarsch.

Während Houdinis Vorstellung hatte Philipp aufmerksam seinen Worten gelauscht:

„Meine Damen und Herren, der Verstand ist der Schlüssel zur Freiheit!"

„Meine Damen und Herren, es ist wichtig, die eigene Angst zu überwinden!"

„Meine Damen und Herren, ein alter Trick in neuem Gewand ist immer eine schöne Abwechslung!"

Jedes Mal, wenn Houdini etwas Bedeutendes sagte, überprüfte Philipp den Ring der Wahrheit. Er hoffte so sehr, dass sie nun endlich sein Geheimnis wahrer Größe erfahren würden. Aber egal, was Harry sagte, der Ring leuchtete nicht.

Nach dem Trick tauschten die Bühnenarbeiter die Milchkanne gegen eine große Holzkiste aus.

„Zum Abschluss zeige ich Ihnen den Trick, der mich berühmt gemacht hat", sagte Houdini.

Ein Trommelwirbel ertönte. „Die Drei-Sekunden-Metamorphose!", rief Houdini. „Für diesen atemberaubenden Trick wird

Mrs. Houdini das Scheinwerferlicht mit mir teilen!“

Harry nahm Bess an der Hand und sie verbeugte sich vor dem Publikum.

„Vor vielen Jahren habe ich diese bezaubernde Frau hier auf Coney Island getroffen“, erzählte Houdini. „Ich liebe sie von ganzem Herzen, doch heute wird sie meine Gefangene sein.“

Das Publikum lachte, als ein Bühnenarbeiter ihm ein dickes Seil brachte. Harry band Bess die Arme auf dem Rücken fest. „Liebling, bitte steige nun in diesen Sack hinein.“ Bess trat in einen großen Leinensack und Houdini knotete ihn oben zu.

Mit der Hilfe von Hank und John hob Houdini Bess in die Holzkiste. Hank und John schlossen die Kiste, banden ein Seil darum und sicherten sie mit Schlössern. Nachdem sich Freiwillige überzeugt hatten, dass die Kiste fest verschlossen war, rief Houdini: „Erlebt nun das Wunder!“

Harry trat neben die Kiste und schloss den Vorhang. Das Publikum starrte und wartete. Drei laute Schläge ertönten von hinter dem Vorhang.

Der Vorhang schwang auf. Bess stand vor der gesicherten Holzkiste – sie war frei! Schnell schnitt sie das Seil durch, öffnete die Vorhängeschlösser und den Sack – und heraus sprang der Große Houdini!

Alle Leute sprangen vor Begeisterung auf, klatschten und riefen: „Bravo! Bravo!"

Philipp und Anne klatschten und jubelten mit ihnen. Die Houdinis verbeugten sich immer und immer wieder.

„Meine Damen und Herren, ich versichere Ihnen, dass keinerlei übernatürliche Kräfte im Spiel waren!“, rief Harry. „Bitte glauben Sie mir, dass Magie nur aus Tricks besteht! Was Sie heute Abend gesehen haben, war nichts als eine Illusion!“

„Und Harry Houdini ist weltweit der größte Meister der Illusion“, dachte Philipp.

Philipp war dennoch enttäuscht, denn der Ring der Wahrheit hatte während der ganzen Vorstellung nicht geleuchtet. Nicht das kleinste bisschen.

Die wahre Geschichte

Nachdem der Vorhang gefallen war, verließ die vergnügt lärmende Menge das Theater. Mr. Dewey, Mr. Wilson, John und Hank gratulierten den Houdinis.

Mr. Dewey kniete sich sogar hin, um ihnen zu danken. „Sie haben mein Publikum sehr glücklich gemacht“, sagte er. „Und wenn das Publikum glücklich ist, dann bin ich es auch. Das war eine beeindruckende Vorstellung!“

„Der übertreibt aber auch immer“, sagte Philipp.

Anne lachte. „Komm, ich will ihnen auch gratulieren“, sagte sie.

Philipp und Anne gingen auf die Houdinis zu, als zwei Jugendliche auf die Bühne stürzten.

„Tut mir leid, Jungs“, sagte Mr. Wilson und trat zwischen sie und die Houdinis. „Mr. Houdini ist erschöpft. Wenn ihr ihn noch mal sehen wollt, müsst ihr euch Karten für seine nächste Show kaufen.“

„Los, Harry, wir bringen euch nach hinten“, sagte Mr. Dewey.

Mr. Dewey führte Bess und Harry hinter die Bühne, Philipp und Anne folgten ihnen. Mr. Dewey winkte das Paar in die Garderobe und schloss hinter sich die Tür.

Anne wollte klopfen, doch Philipp hielt sie auf. „Störe sie jetzt nicht“, sagte er. „Lass sie erst einen Augenblick ausruhen. Wir warten hier draußen auf sie.“

„Gute Idee“, erwiderte Anne.

Philipp und Anne warteten vor der Garderobe der Houdinis, während Hank und John die letzten Fans von der Bühne scheuchten. Sie warteten und sahen zu, als Houdinis Schrank, die Milchkanne und der

Dampfkessel fortgebracht wurden. Sie warteten, während Mrs. Crenshaw die Käfige mit den Kaninchen und Tauben wegbrachte. Sie warteten immer noch, als Mr. Wilson den Boden fegte und die Lichter ausmachte.

„Jetzt sollten sie sich genug ausgeruht haben“, sagte Anne.

„Und ob“, meinte Philipp. Er klopfte sachte an die Tür. Niemand antwortete.

Anne klopfte fester. „Bess? Harry?“, rief sie.

Immer noch keine Antwort. Anne drückte auf die Klinke, aber die Tür war verschlossen.

„Sie sind schon weg“, sagte Mr. Wilson, der an den Kindern vorbeikam.

„Weg?“, fragte Anne.

„Ja, die beiden sind schon vor einer Weile gegangen“, antwortete Mr. Wilson.

„Gegangen? Aber wo lang?“, fragte Philipp. Anne und er hatten die Tür nicht aus den Augen gelassen.

„Mr. Dewey hat sie durch den geheimen Hinterausgang rausgelassen“, erklärte

Mr. Wilson. „Durch den Keller und dann hinter dem Theater nach draußen, damit sie nicht von den Fans belästigt werden."

„Dann sind sie also wirklich weg", sagte Philipp enttäuscht.

„Man nennt Harry nicht umsonst den Meister des Entkommens", sagte Mr. Wilson. „Ihr zieht euch besser um und geht auch. Wir wollen bald abschließen."

Philipp und Anne gingen zu ihrem Umkleideraum. „Ich kann es nicht glauben", jammerte Anne. „Wir konnten ihnen noch nicht mal zu der tollen Vorstellung gratulieren."

„Noch schlimmer ist, dass wir nun niemals das Geheimnis wahrer Größe erfahren werden", sagte Philipp. Er hielt den Finger mit dem Ring hoch. „Der Ring hat den ganzen Abend nicht geleuchtet."

„Dann ziehen wir uns jetzt um und suchen nach ihnen", schlug Anne vor.

Philipp und Anne tauschten schnell ihre Anzüge gegen ihre normale Kleidung. Philipp schnappte sich seine Tasche und steckte die Uhr in die Hosentasche.

„Komm, beeil dich!“, rief Anne. Die beiden stürmten zur Hintertür hinaus. Sie rannten den dunklen Gang entlang, an den Mülltonnen vorbei und auf die Straße.

Die Straße war noch immer hell erleuchtet und geschäftig. Auf dem Bürgersteig waren viele Leute unterwegs. Altmodische Autos und Pferdekutschen füllten die Straße.

„Sie können überall sein“, sagte Philipp. „Vielleicht sind sie auch schon nach Hause gegangen.“

„Lass uns zum Lunapark gehen“, sagte Anne.

„Warum sollten sie dorthin zurückgegangen sein?“, fragte Philipp.

„Ich weiß es nicht. Es gibt vieles, was sie dort tun könnten“, sagte Anne. Plötzlich keuchte sie auf.

„Eis!“, riefen Anne und Philipp gleichzeitig. Sie erinnerten sich daran, was Bess gesagt hatte: „Nach der Vorstellung gibt es immer Eis.“

„Auf zum Eisstand!“, rief Anne.

„Und zwar schnell“, sagte Philipp.

Die beiden rannten los. Sie eilten zwischen den Leuten hindurch, am Torbogen und den Kartenverkäufern vorbei, die immer noch Leute im Park willkommen hießen.

„Eintritt zehn Cent“, sagte einer zu ihnen.

Philipp und Anne gaben dem Mann ihr restliches Geld. Dann rasten sie weiter die Straße entlang, an Paaren und Kindern, Stelzenläufern und Einradfahrern vorbei.

Als sie den Eisstand erreichten, hatte sich davor eine lange Warteschlange gebildet. Keuchend suchte Philipp die Schlange ab.

Die Houdinis waren nicht zu sehen.

Philipp begann, den Mut zu verlieren, da stupste Anne ihn an.

„Was?“, fragte er.

Anne deutete zur Terrasse.

Harry und Bess saßen nebeneinander auf einer Bank. Beide hatten Eiswaffeln in der Hand. Ihre großen Hüte verbargen ihre Gesichter.

Philipp lachte. „Jetzt verstehe ich. Sie tragen die Hüte, damit sie von den Fans nicht erkannt werden“, sagte er.

„Uns können sie aber nicht täuschen“, sagte Anne. „Komm!“

Die Geschwister gingen auf die Bank zu.

Als sie ganz nah bei ihnen waren, hielt Anne den Finger an die Lippen. Philipp verstand. Ohne Harry und Bess zu grüßen, setzten sich Philipp und Anne neben sie.

„Gutes Eis, nicht wahr?“, sagte Anne.

„Gut, ja“, erwiderte Bess ohne aufzusehen.

„Würden Sie es das beste Eis der Welt nennen?“, fragte Philipp.

Bess neigte den Kopf und sah unter ihrer Hutkrempe hervor. Sie lachte laut. „He, Harry! Guck mal“, sagte sie. „Es sind unsere jungen Freunde.“

Harry hob seinen Hut an und lachte ebenfalls. „Der Fantastische Philipp und die Außergewöhnliche Anne!“, freute er sich. „Also, erzählt mal. Was um Himmels willen hattet ihr zwei auf der Bühne zu suchen?“

„Wir machen so etwas gern“, antwortete Anne.

„Wir machen uns gern selbst zum Narren“, ergänzte Philipp.

„Sich selbst zum Narren zu machen, ist sehr mutig“, meinte Harry lächelnd.

„Das hat Aristoteles auch so ähnlich zu uns gesagt“, erwiderte Anne.

Philipp betrachtete den Ring der Wahrheit. Er leuchtete nicht.

„Mr. Houdini!“, rief plötzlich jemand. Ein Mann stand vor der Bank. Er fing an zu klatschen.

„Oh, nein“, murmelte Bess.

„Sie waren unglaublich“, sagte der Mann. „Ich habe so etwas wie Ihre Show noch nie gesehen!“

Andere Leute wurden auf sie aufmerksam und erkannten Harry. Sie sagten ihm, wie toll sie ihn fanden. Harry aß sein Eis auf. Dann stand er auf und schüttelte seinen Bewunderern die Hände.

Bess seufzte. „Er ist immer so nett zu den Leuten“, erzählte sie Anne und Philipp. „Egal, wie müde er ist.“

Harrys Fans stellten ihm viele Fragen.

„Wie machen Sie das?"

„Wie befreien Sie sich von den Handschellen?"

„Wie sind Sie aus der Milchkanne rausgekommen?"

„Zunächst versichere ich Ihnen, dass ich keine übernatürlichen Kräfte besitze", sagte Harry. „Es ist alles nur Illusion. Mir fallen Zaubertricks leicht. Das war schon immer so. Ich erinnere mich, als ich ein Kind war …"

Philipp betrachtete den Ring der Wahrheit. Nichts.

„Das ist nicht die wahre Geschichte", sagte Bess leise zu Anne und Philipp.

„Und was ist dann die wahre Geschichte?", fragte Anne.

„Harry hat immer sehr, sehr hart gearbeitet", sagte sie. „Er arbeitet schon sein ganzes Leben lang. Als kleiner Junge hat er Zeitungen und Blumen verkauft. Dann ist er in einem Zirkus aufgetreten. Ein paar Jahre später ist er mit dem Zug quer durch das Land gefahren und hat versucht, in Milwaukee, Kansas City und

New York Arbeit zu finden. Jeden Tag hat er stundenlang Kartentricks geübt. Er hat jedes Buch über Zaubertricks gelesen, das er finden konnte. Er hat geübt und geübt. Seine besonderen Fähigkeiten sind nicht von allein gekommen. Sie sind durch harte Arbeit und sehr viel Übung entstanden."

Philipp dachte an die Tricks, die er und Anne mithilfe des magischen Nebels nur ein einziges Mal aufgeführt hatten. Kein Wunder, dass sie ihnen beim zweiten Versuch so gründlich misslungen waren.

„Sein Geheimnis ist also harte Arbeit?", fragte Anne.

„Ganz genau", entgegnete Bess. „Aber das ist kein besonderes Geheimnis. Jeder, der etwas wirklich gut machen will, muss hart dafür arbeiten."

„Ja, stimmt", sagte Philipp.

„Sieh nur", hauchte Anne. Sie deutete auf seine Hand.

Philipp lächelte. Der Ring der Wahrheit leuchtete.

Der beste Trick aller Zeiten

Anne grinste Philipp an. „Geschafft!“, wisperte sie.

„Geschafft“, stimmte Philipp zu. „Jetzt können wir gehen.“

„Harry und ich müssen auch los“, sagte Bess. „Ich möchte ihn fortbringen, bevor die falschen Leute auftauchen.“

„Verrückte Fans?“, fragte Anne.

„Genau“, antwortete Bess. „Harry!“, rief sie. „Es wird Zeit.“

Harry verabschiedete sich von den Leuten und kam zur Bank zurück. „Danke, Liebling“, sagte er. „Es ist immer schwierig, dem Publikum zu entkommen.“ Er zwinkerte Bess zu, dann sah er zu Anne und Philipp. „Sie denken, dass ich wirklich zaubern kann. Aber das sind alles nur Tricks.“

„Harry hat noch nie jemanden getroffen, der einen Zaubertrick konnte, den er selbst nicht auch kann“, erzählte Bess.

„So ist es“, sagte Harry. „Keinen. Noch nie.“

„Erstaunlich“, sagte Anne.

„Erstaunlich, ja, aber es ist auch traurig“, sagte Harry. „Die Welt hält für mich keine Wunder mehr bereit. Ich wäre so glücklich, nur ein einziges Mal etwas Magisches zu erleben, das ich nicht erklären oder nachmachen kann.“

„Wirklich?“, fragte Philipp.

„Ja, aber das wird nicht passieren“, sagte Harry seufzend. „Ich bin so weit, Schatz. Wir können nach Hause gehen.“

„Ja, gehen wir“, sagte Bess und stand auf. Sie betrachtete Anne und Philipp. „In welche Richtung müsst ihr?“

„Dort entlang“, sagte Philipp. Plötzlich hatte er eine Idee. Er lächelte Anne zu. „Wir können zusammen bis zum Japanischen Garten laufen.“

Annes Augen leuchteten auf. Sie schien zu wissen, was Philipp dachte. „Gute Idee!“, freute sie sich.

„Ja, lasst uns gemeinsam gehen“, sagte Bess.

Harry, Bess, Philipp und Anne traten von der Terrasse herunter und gingen die breite

Allee entlang. Die Musik spielte noch, aber es wurde allmählich leerer. Auch die Lichter gingen nach und nach aus.

„Was für ein schöner Vergnügungspark", sagte Harry. „Habt ihr viele Fahrgeschäfte ausprobiert? Das Piratenschiff? Oder das Unterwasserschiff? Oder die Reise in die Südsee?"

„Nein, aber wir haben das alles früher schon gemacht", sagte Philipp.

„Seid ihr auch beim Wilden Wirbelsturm gewesen?", fragte Bess. „Beim Vulkan? Und beim großen Feuer?"

„Auch diese Dinge haben wir schon erlebt", erzählte Philipp.

„Wirklich?", fragte Bess. „Dann müsst

ihr schon sehr früh in den Park gekommen sein."

„Nein, ich spreche vom echten Leben", sagte Philipp. „Meine Schwester und ich reisen mit einem magischen Baumhaus in verschiedene Zeiten und zu unterschiedlichen Orten und erleben eine Menge Abenteuer."

Anne grinste. „Philipp sagt die Wahrheit", meinte sie. „Wir reisen durch die Zeit."

Bess und Harry lachten. „Klingt nach einem tollen Trick", sagte Harry.

„Das tut es", stimmte ihm Bess zu. „Wo außer auf Coney Island tretet ihr denn noch auf?"

„Das ist kein Trick und wir erzählen normalerweise auch niemandem davon. Es ist ein Geheimnis", erklärte Anne.

„Aber euch werden wir es zeigen", sagte Philipp.

„Wir Glücklichen", sagte Bess und zwinkerte Harry zu.

„Das Baumhaus ist im Japanischen Teegarten", sagte Anne. „Wollt ihr es sehen? Das dauert nur eine Minute."

„Natürlich, warum nicht?“, sagte Harry.
Bess und Harry folgten den beiden Geschwistern zum Holztor, das in den Japanischen Garten führte. Gemeinsam gingen sie durch das Tor, den Kiesweg entlang und über die kleine Brücke zu den Bäumen.

„Da“, sagte Anne und deutete auf einen der Bäume.

„Ein Baumhaus! Na, so was“, wunderte sich Harry. Er klang ehrlich überrascht. „Ich wusste nicht, dass es hier ein Baumhaus gibt.“

„Es ist ja auch erst seit ein paar Stunden hier“, erklärte Anne.

„Wollt ihr zusehen, wie wir wegfliegen?", fragte Philipp.

„Wegfliegen?", staunte Bess.

„Ja, das Baumhaus bringt uns zurück nach Pepper Hill", sagte Philipp. „In eine Zeit mehr als hundert Jahre später als heute."

„In die Zukunft", fügte Anne hinzu.

Bess und Harry lachten. „Ihr zwei seid die verrücktesten Kinder der Welt", lachte Bess.

„Oder die besten Schauspieler", sagte Harry.

„Wartet und seht zu …", sagte Anne. Sie streckte die Hand aus. „Auf Wiedersehen, Harry. Es war großartig, Sie kennenzulernen."

Harry schüttelte den Geschwistern die Hand. Bess umarmte beide fest. „Ihr zwei seid großartig", sagte sie. „Ihr macht genau die richtigen Scherze."

Alle lachten. Dann kletterten Philipp und Anne die Strickleiter hoch. Anne hob das Buch von Pepper Hill auf. Die Geschwister sahen aus dem Fenster.

„Auf Wiedersehen!“, riefen sie und winkten Harry und Bess zu.

Die Houdinis winkten zurück.

„Ich wünschte, wir wären zu Hause“, wisperte Anne und deutete auf das Bild von Pepper Hill.

„Erlebt ein Wunder!“, rief Philipp Bess und Harry zu. Dann klatschte er dreimal in die Hände. Eins! Zwei! Drei!

Wind kam auf.

Das Baumhaus fing an, sich zu drehen.

Es drehte sich schneller und immer schneller.

Dann war alles wieder still.

Totenstill.

Im Wald von Pepper Hill war es still und friedlich. Philipp und Anne trugen wieder ihre eigene Kleidung.

„Das war der beste Entkommenstrick aller Zeiten“, jubelte Anne.

Philipp lächelte. „Ich wollte Harry glücklich machen. Wir haben ihm etwas gezeigt, das er nicht erklären kann.“

Philipp sah auf die Uhr. Wie immer war in Pepper Hill keine Zeit vergangen, während sie auf ihrer Mission gewesen waren. „Wir müssen bald zu Hause sein“, sagte Philipp.

„Ja, aber zuerst müssen wir noch das neue Geheimnis wahrer Größe aufschreiben“, sagte Anne.

Philipp holte einen Stift hervor und hob das Stück Papier auf, das auf dem Boden lag. Unter das Wort *Bescheidenheit* schrieb er:

HARTE ARBEIT

„Harte Arbeit“, wiederholte Anne. „Das ist so einfach.“

„Ja“, stimmte Philipp zu. „Manchmal ist die Wahrheit sehr einfach.“ Er legte den Ring der Wahrheit auf das Papier. „Das lasse ich auch hier“, sagte er und legte das kleine Fläschchen neben den Ring. „Für das nächste Mal.“

„Der Nebel, den Merlin beim ersten Licht des Neumonds auf der Insel Avalon gesammelt hat“, sagte Anne.

Philipp machte seinen Rucksack zu. „Gut, gehen wir. Mamas Würstchen warten!“

„Die besten der Welt!“, sagte Anne

begeistert. Sie kletterten die Strickleiter hinunter und liefen los.

„Weißt du was?“, fragte Anne.

„Was?“, wollte Philipp wissen.

„Wir sollten doch ein Geheimnis wahrer Größe vom Großen Houdini erfahren, stimmt’s?“, sagte Anne.

„Genau“, erwiderte Philipp.

„Die ganze Zeit haben wir darauf gewartet, dass Harry etwas macht, damit der Ring leuchtet“, fuhr Anne fort.

„Ja“, sagte Philipp.

„Aber am Ende haben wir das Geheimnis von Bess erfahren und nicht von Harry“, sagte Anne.

„Du hast recht“, stimmte Philipp ihr zu.

„Ich glaube, in Wirklichkeit ist Bess diejenige, die wir für Merlin finden sollten“, sagte Anne. „Sie ist großartig.“

„Warum glaubst du, dass Bess großartig ist?“, fragte Philipp.

„Na ja, sie war freundlich und lustig und nett“, erklärte Anne.

„Das stimmt …“, meinte Philipp. „So wie du.“

„Ich?“, wiederholte Anne. „Hm.“ Sie sah etwas verlegen aus. „Außerdem war sie treu. Sie ist immer für Harry da.“

„Das stimmt“, sagte Philipp.

„Sie ist so treu wie du“, stellte Anne fest.

„Wie ich?“

„Genau. Du bist sofort zurückgekommen, als du bemerkt hast, dass ich Hilfe brauche“, sagte Anne. „Obwohl ich dich vorher sehr verärgert habe.“

„Du bist aber auch treu gewesen“, meinte Philipp. „Du bist nicht nachtragend gewesen, obwohl ich dich im Stich gelassen habe.“

„Ich? Treu?“, fragte Anne. „Und freundlich und lustig und nett? Du glaubst, dass ich das alles bin? Wirklich? Ich?“

„Okay, vergiss es“, sagte Philipp grinsend.

„Nein, ich werde mich an all das erinnern“, freute sich Anne. „Und wenn du das nächste Mal sauer auf mich bist, werde ich dich daran erinnern, wie großartig ich bin. Wie treu und freundlich und lustig –“

„Okay, okay, es reicht“, unterbrach Philipp seine Schwester. „Wer als Erster zu Hause ist, hat gewonnen!“ Schnell rannte er los. Er lief aus dem Wald, über die Straße und den Bürgersteig entlang.

„Warte! Mach langsamer! Du kannst mir nicht entkommen!“, rief Anne. Sie rannte Philipp, so schnell sie konnte, hinterher und holte ihn ein, bevor er zu Hause angekommen war.

Mary Pope Osborne lernte schon als Kind viele Länder kennen. Mit ihrer Familie lebte sie in Österreich, Oklahoma, Florida und anderswo in Amerika. Nach ihrem Studium zog es sie wieder in die Ferne und sie reiste viele Monate durch Asien. Schließlich begann sie zu schreiben und ist damit außerordentlich erfolgreich. Bis heute sind schon über fünfzig Bücher von Mary Pope Osborne erschienen. *Das magische Baumhaus* ist in den USA und in Deutschland eine der beliebtesten Kinderbuchreihen.

Jutta Knipping, geboren 1968, hat erst eine Ausbildung zur Druckvorlagenherstellerin gemacht, bevor sie in Münster Visuelle Kommunikation studierte. Schon während ihres Studiums hat sie erste Bücher illustriert. Mittlerweile ist sie freiberuflich als Grafik-Designerin und Illustratorin tätig. Jutta Knipping lebt mit ihrem Mann und zwei Kindern in der Nähe von Osnabrück und lässt sich von ihrem Kater Moritz gern bei der Arbeit zugucken.